きほんから
学ぶ！

英検®4級 合格ハンドブック

Irie Izumi
入江 泉 著

スリーエーネットワーク

Published by 3A Corporation
Trusty Kojimachi Bldg., 2F, 4, Kojimachi 3-Chome, Chiyoda-ku, Tokyo 102-0083, Japan

ISBN978-4-88319-949-5 C0082

First published 2024
Printed in Japan

はじめに

この本は「英検4級」に合格するために必要な「きほん」を学びながら、とく力を身につけるためのものです。先生といっしょに学ぶ3人の学生が登場します。

元気な人気者の ショー

英語が好きな ハナ

ほのぼのとした性格の ゴン太

これから、この3人といっしょに学び、合格を目指しましょう。

本書は、4級の筆記・リスニングの対策書です。この1冊で、すべての問題の傾向を知り、とき方を習得することができます。また、級が進むにつれて、語彙力を伸ばすことも大事です。本書の単語・表現リストを活用して、できるだけたくさんおぼえましょう。また、4級では読解問題が出題され、5級と比べて英文を「読む」量がぐんと増えます。単語をたくさん知っていると、筆記1の単語問題だけでなく、読解問題もスイスイとくことができます。

英語を学ぶときは音声をフル活用しましょう。本書では、リスニング問題だけでなく、筆記の英文や重要表現の例文にも音声をつけています。音声は聞くだけでなく、音声をまねして何度も声に出して読みましょう。スピーキング対策にもつながります。

4級は学ぶべき文法がたくさんありますが、どれも英語の基礎としてとても大事です。「4級に合格すること」だけを目標にせず、本書の内容をすべて理解するつもりで取り組みましょう。本書で基礎力がついたら、次の3級にも無理なく進むことができます。

本書をとおして、「英語がわかった！」「もっと学びたい！」「次の級にもトライしたい！」と思ってもらえたらすごくうれしいです。

著者　入江　泉

目次

練習しよう！《筆記》

リスニング－第 1 部　会話の応答文選択－

リスニング－第 2 部　会話の内容一致選択－

リスニング－第 3 部　文の内容一致選択－

練習しよう！《リスニング》

本書について

本書では、英検4級に合格するために必要な「基本」を学びながら、とく力を身につけることができます。

【本書の流れ】

以下のように、大問ごとに進めていきます。筆記・リスニングの問題をとおして読む・聞くがバランスよく学べます。筆記・リスニングとも、すべて選択形式です。

筆記1（短文・空所補充）
筆記2（会話・空所補充）
筆記3（短文・語句整序）
筆記4（長文・内容一致選択）
リスニング1（会話・応答文選択）
リスニング2（会話・内容一致選択）
リスニング3（文・内容一致選択）

【各大問の構成】

各大問では、次のような流れで学習します。

出題形式を確認

↓

CHECK! でチカラだめし（筆記1の単語問題のみ）

↓

おぼえよう! **確認しよう!** でよく出る単語や表現をおぼえる

↓

ポイント でかんたんな問題をとき、単語や表現を確認

↓

Let's TRY で試験に出る特徴的な問題のとき方を学習

↓

練習しよう! で本番形式の問題に挑戦（筆記・リスニングの最後にあります）

おぼえよう! **確認しよう!**

「おぼえよう！」「確認しよう！」では、各大問で頻出の英単語や表現がリストアップされています。英検は語い力が非常に重要なので、これらのリストを活用して合格に必要な知識を身につけましょう。

Let'sTRY

「Let's TRY」では、各大問の特徴的な問題を取り上げ、先生が説明する形式でていねいに解説を行います。

練習しよう！

「練習しよう！」では、本番形式の問題をといて、これまで学んだことを定着させます。

【そのほかの特徴】

英語を聞こう！＆ 音読しよう！

筆記・リスニングともに、語いや文法の例文、そして問題のあとに、英文を聞いて音読をする機会を設けています。英語を「聞く」ことに慣れるだけでなく、音声をまねて声に出して「読む」ことで、リスニングだけでなくスピーキングの対策にもなります。

「英語を聞こう！＆ 音読しよう！」の音声にはポーズ（音声のない部分）がふくまれています。英語を聞いたら、ポーズのところで音読をしましょう。

本書では、先生と学生たちによって問題をとく時のポイントや確認事項がコメントされています。キャラクターの吹き出しも読みながら進めていきましょう！

音声について

本書の音声はウェブサイトにて、ストリーミング、ダウンロードでお聞きいただけます。こちらの二次元バーコードもしくは以下のURLからアクセスしていただき、［補助教材『きほんから学ぶ！ 英検®4級 合格ハンドブック』音声］へお進みください。
https://www.3anet.co.jp/np/books/5556/

本書は「これ1冊で合格できる！」ことを前提に作られていますが、4級の問題をもっと学びたい場合、同じ著者の『1日1枚！ 英検4級 問題プリント』（25日完成）がおすすめです。試験対策の順番としては、本書『ハンドブック』で問題の形式や傾向をしっかり学んだあとに『1日1枚！』に取り組むと効果的です。

また、本書の各大問の解答の目安の時間を参考にして、過去問をときましょう。英検協会ホームページから最新3回分を無料でダウンロードできますので、筆記全体を「35分」でとけるよう、練習しましょう。

英検4級の試験内容

4級の試験内容を確認しましょう。筆記・リスニングともに5級より試験時間が10分ほど長くなります。　の部分が主に5級とちがう部分です。筆記4では、英文を読んでその内容に関する問題をとく形式（読解問題）が出題されます。

筆記（35分）

問題	出題形式		問題数
1	短文の語句空所補充	文脈に合う適切な語句を補う。	15問
2	会話文の文空所補充	会話文の空所に適切な文や語句を補う。	5問
3	日本文付き短文の語句整序	日本文を読み、その意味に合うように与えられた語句を並べ替える。	5問
4	長文の内容一致選択	パッセージの内容に関する質問に答える。	10問

リスニング（約30分・放送はすべて2回ずつ）

問題	出題形式		問題数
第1部	会話の応答文選択	会話の最後の発話に対する応答として最も適切なものを補う。（補助イラスト付き）	10問
第2部	会話の内容一致選択	会話の内容に関する質問に答える。	10問
第3部	文の内容一致選択	短いパッセージの内容に関する質問に答える。	10問

＊「パッセージ」とは、会話形式ではない文章のことです。
問題形式は英検協会ウェブサイトより引用。

4級の単語や文法は「中学中級程度」、つまり中学2年生くらいのレベル。内容は日常生活の身近な話がほとんどだから、小学生でも無理なく取り組めるよ。

Reading

筆記 1 短文の語句空所補充

筆記1の出題形式

筆記1は、短い文を読んで、空所に合う語句を選ぶ問題です。空所に入れる語句の種類は次の3つで、各問題数はおよそ以下のとおりです。

単語 ⇒ 7問 問(1)〜(7)
熟語 ⇒ 5問 問(8)〜(12)
文法 ⇒ 3問 問(13)〜(15)
15問

●サンプル問題●

This train will (　　) in Yokohama at 11 o'clock.

1 send　2 think　3 find　4 arrive

筆記1は、このような問題が15問あります。目安となる解答時間は8分です。

単語・熟語の問題が15問中12問ほどあるので、単語・熟語を知っているかどうかが最大のカギとなります。

単語はどうやっておぼえたらいいの?

5級レベルの単語が不安な人は、5級の単語をしっかりと復習しましょう。5級の単語の知識の上に、4級の単語をどんどん積み上げていくイメージです。また、単語は品詞ごとにおぼえることをおすすめします。名詞であれば、「場所を表す名詞」「人を表す名詞」のように分けるとよいです。

文法はどれくらい学習すべきなの?

筆記1の文法問題は15問中たった3問ですが、筆記3の並べかえ問題やリスニングでも文法の知識が必要になるので、文法を学ぶことはとても大事です。5級の文法が不安な人はしっかりと復習してから4級の文法に進みましょう。

〈サンプル問題の訳・答え〉 この列車は11時に横浜に到着します。
1「〜を送る」 2「思う、考える」 3「〜を見つける」 4「到着する」 (正解 4)

筆記1-1 単語問題：適切な動詞を選ぶ問題

では、筆記1の単語の問題から学習をはじめます。単語問題は4つの選択肢に同じ品詞の語が並びます。つまり、品詞がわからないからとけないということはありません。品詞のちがいはあまりこだわらずに、英文を読んで意味が合うものを選びましょう。

動詞の問題から学んでいくよ。4級ではじめて出てくる文法（動詞の形）もここで学ぶよ。まず、動詞の基本を確認しよう。

動詞は、「～する」や「～である」、「いる、ある」を表す語です。次の文を見て、動詞が文のどこにあるかを確認しましょう。

英文は〈主語＋動詞〉ではじまるのが基本だよ。

- I usually do my homework before dinner.
  do：～をする
  わたしはふだん、夕食前に宿題をします。

- Yuya usually does his homework before dinner.
  does：～をする
  ユウヤはふだん、夕食前に宿題をします。

- Kei is a junior high school student.　ケイは中学生です。
  is：である

- My cats are in the garden. They are sleeping on the chairs.
  are：いる　are sleeping：眠っている
  わたしの猫たちは庭にいます。猫たちはいすの上で眠っています。

- Wendy can swim fast.　ウェンディは速く泳ぐことができます。
  can swim：泳ぐことができる

are sleepingは〈am[is, are]＋動詞のing形〉「～しています」の形で（現在進行形）、canは「～できる」という意味の語です（助動詞）。どちらも5級の文法ですが、忘れていたら思い出しておきましょう。

✔CHECK!

次の動詞の正しい意味に○をつけましょう。

まずは、何も見ずにやってみよう。知らない単語があったら、このあとの おぼえよう! のリストを見ながらやってみてね。

(1) invite　（ ～を招待する　～と感じる　～を変える ）

(2) build　（ ～を学ぶ　～を建てる　～をつかまえる ）

(3) sell　（ ～を忘れる　～を望む　～を売る ）

(4) wait　（ 待つ　答える　落ちる ）

答え

(1) ～を招待する　(2) ～を建てる　(3) ～を売る　(4) 待つ

おぼえよう!

次のリストは主に４級ではじめて出る単語です。４級では５級レベルの語もたくさん出るので、問題をとく中で忘れている語があれば、おぼえましょう。

□**answer**	～に答える
□**arrive**	到着する
□**ask**	～をたずねる、～をたのむ
□**become**	～になる
□**begin**	はじまる、～をはじめる
□**believe**	～を信じる
□**break**	～をこわす、（骨）を折る
□**bring**	～を持ってくる
□**build**	～を建てる
□**catch**	～をつかまえる

□ **change**	変わる、～を変える
□ **check**	～を確認(かくにん)する
□ **climb**	～に登る
□ **cry**	泣く
□ **drive**	（車を）運転する、～を車に乗せる
□ **drop**	落ちる、～を落とす
□ **enter**	～に参加(さんか)［出場］する
□ **fall**	落ちる、転ぶ
□ **feel**	～と感じる
□ **forget**	～を忘れる
□ **give**	～をあげる、～を与(あた)える
□ **hear**	～を聞く、～が聞こえる
□ **hope**	～を望(のぞ)む
□ **invite**	～を招待する、～をさそう
□ **keep**	～を保(たも)つ
□ **learn**	～を学ぶ
□ **leave**	～を出発する、～を去る、～を置(お)き忘れる
□ **lose**	～をなくす、～に負ける
□ **ride**	～に乗る
□ **sell**	～を売る
□ **send**	～を送る
□ **shout**	叫(さけ)ぶ
□ **stay**	滞在(たいざい)する、泊(と)まる
□ **stop**	止まる、～を止める
□ **travel**	旅行する
□ **try**	～をためす
□ **understand**	～を理解(りかい)する
□ **visit**	～を訪(おとず)れる、～を訪(たず)ねる
□ **wait**	待つ
□ **wear**	～を着ている
□ **win**	（～に）勝つ
□ **worry**	心配する

過去を表す文

４級では、「～しました」「～でした」という過去の話がたくさん出てきます。過去のことは動詞の過去形を使って表します。筆記１では、選択肢に動詞の過去形が並ぶことがありますので、動詞の過去形を知っておく必要があります。

◆ 現在やふだんのこと

I play the piano every day.　わたしは毎日、ピアノをひきます。

◆ 過去のこと

I played the piano yesterday.　わたしは昨日、ピアノをひきました。
└動詞playの過去形

原形（もとの形）：play
過去形：played

┌didを使ったら動詞は原形
Did you play the piano?　あなたはピアノをひきましたか。
— Yes, I did. / No, I didn't.
はい、ひきました。／いいえ、ひきませんでした。

I didn't play the piano.　わたしはピアノをひきませんでした。
└didを使ったら動詞は原形

過去形のつくりかた

多くの動詞の過去形は、原形（もとの形）にdやedをつけてつくります。

✔edをつける	例：play→played
✔dをつける	例：use→used
✔文字を重ねてedをつける	例：stop→stopped
✔yをiにかえてedをつける	例：study→studied

make→madeのように、ちがう形になる動詞もあります（不規則動詞）。これは１つ１つおぼえるしかありません。

右の表で、不規則に変化する動詞の過去形をおぼえましょう。

原形	過去形	原形	過去形
become ～になる	became	leave ～を出発する、～を去る	left
begin はじまる	began	lose ～をなくす、～に負ける	lost
break ～をこわす	broke	make ～を作る	made
bring ～を持ってくる	brought	meet ～に会う	met
build ～を建(た)てる	built	put ～を置(お)く	put *原形と同じ
buy ～を買う	bought	read ～を読む	read [レッド]
catch ～をつかまえる	caught	ride ～に乗る	rode
come 来る	came	say 言う	said
do (～を) する	did	see ～を見る、～に会う	saw
draw (絵を) 描(か)く	drew	sell ～を売る	sold
drive (車を) 運転する	drove	send ～を送る	sent
eat ～を食べる	ate	sing (～を) 歌う	sang
fall 落ちる、転ぶ	fell	sit 座(すわ)る	sat
feel ～と感じる	felt	speak ～を話す	spoke
find ～を見つける	found	swim 泳ぐ	swam
forget ～を忘(わす)れる	forgot	take ～を取る、持っていく	took
get ～をもらう、手に入れる	got	teach ～を教える	taught
give ～をあげる、与(あた)える	gave	tell ～を言う、話す	told
go 行く	went	think 思う、考える	thought
have ～を持っている、食べる	had	understand ～を理解(りかい)する	understood
hear ～を聞く	heard	win ～に勝つ	won
keep ～を保(たも)つ	kept	write ～を書く	wrote

教える方へ：4級の筆記においては、正確につづりが書ける必要はありません。試験は選択式ですので、つづりを見て意味が判断できることが大事です。

未来を表す文

未来の文はwillとbe going toの2つをおさえましょう。

◆ 現在やふだんのこと

I often go to the zoo.　わたしはよく、動物園に行きます。（ふだんのこと）

◆ 未来のこと

〈willの文〉

We will go to the zoo tomorrow.　（明日＝未来のこと）
わたしたちは明日、動物園に行きます。

Will he go to the zoo tomorrow?　彼は明日、動物園に行くでしょうか。
— Yes, he will. / No, he won't.　はい、行きます。／いいえ、行きません。

What will you do tomorrow?　あなたは明日、何をしますか。
— I'll go to the zoo.　わたしは動物園に行きます。

Asami won't go to the zoo tomorrow.
アサミは明日、動物園に行かないでしょう。

短縮形　I will = I'll / will not = won't

〈be going to ～の文〉

このgoingは「行く」と
いう意味ではないんだね！

I am going to visit Taiwan next month.
わたしは来月、台湾を訪れる予定です。（来月＝未来のこと）

Are you going to stay with your friend?
あなたは友だちのところに滞在するのですか。
— Yes, I am. / No, I'm not.　はい、そうです。／いいえ、ちがいます。

How long are you going to stay there?　そこにはどのくらい滞在するのですか。
— For two weeks.　2週間です。
※How long ～?はものの長さ、期間をたずねる表現。forは「～の間」。

I'm not going to meet him.　わたしは彼に会う予定はありません。

> ✔willとbe going toのあとは動詞の原形（もとの形）です。
> ✔be going toのbeは、主語の形に合わせてam、is、areなどになります。

ポイント　前後の意味のつながりを意識しよう

意味が通るように、（　　）の正しい語に○をつけましょう。

(1)　(　ride　arrive　) a bicycle

(2)　Mei (　wrote　broke　) her arm.

(3)　I will (　wait　lose　) for you at the cafeteria.

(4)　The city is going to (　build　stay　) a soccer stadium.

うしろの語句との意味のつながりを考えよう。

答え

(1)　ride a bicycle　自転車に乗る

(2)　Mei broke her arm.　メイは腕を骨折しました。
※ break「(骨) を折る」の過去形

(3)　I will wait for you at the cafeteria.　カフェテリアであなたを待ちます。

(4)　The city is going to build a soccer stadium.
市はサッカー競技場を建てる予定です。

英語を聞こう！& 音読しよう！　1

※とき終わったら完成した英文の音声を聞いて、声に出して読みましょう。

教える方へ： 単語の意味を定着させるために、完成した語句や英文を耳で聞き、声に出して読むことをおすすめします。外来語やカタカナ語と英語の発音のちがいを知ることも大事です。ここでは、英語のcafeteriaやstadiumと日本語の「カフェテリア」「スタジアム」の発音のちがいに気づくきっかけになります。

Let's TRY

Let's TRYでは、実際の試験の問題形式にトライします。各大問の特徴的な問題に取り組むことで、そのとき方を習得します。

（　　）に入る適切なものを選んで、○をつけましょう。

1

Mika is going to (　　　) a Christmas card to her grandmother this year.

1 invite　2 travel　3 send　4 change

2

A: Did you go hiking yesterday?
B: Yes. The rain (　　　) in the morning, so we went to the river.

1 waited　2 stopped　3 tried　4 visited

3

Dennis (　　　) his pencil. It was under his chair.

1 found　2 became　3 wrote　4 rode

1. ときかた

Mika is going to (　　　) a Christmas card to her grandmother this year.

1　invite　　2　travel　　3　send　　4　change

is going to ～は「～する予定です、～するつもりです」という意味で、未来を表す表現だったね。そのあとに続く動詞の部分が（　　）になっているよ。（　　）のうしろを見ると、a Christmas card「クリスマスカード」とあるね。

4つの選択肢を見てみよう。この中で、うしろのa Christmas cardに合うのはsend「～を送る」だね。このように、動詞の問題はうしろの部分とのつながりが大事なの。

そのあとのto her grandmotherに注目しよう。〈send＋もの＋to＋人〉で「(人) に (もの) を送る」という意味だよ。

訳：「今年、ミカは祖母にクリスマスカードを送るつもりです」
1「～を招待する」 2「旅行する」 3「～を送る」 4「～を変える」　（正解　3）

この問題のように、（　　）のうしろにto「～に」やfor「～のために」があるときは、その語句との意味のつながりがポイントになることがあるよ。

write a letter to Grandma　おばあちゃんに手紙を書く
sell books to children　子どもたちに本を売る
give a present to my father　父親にプレゼントをあげる
buy a cake for my son　息子のためにケーキを買う
make breakfast for my family　家族のために朝食を作る

2. ときかた

A: Did you go hiking yesterday?

B: Yes. The rain (　　　) in the morning, so we went to the river.

1 waited　　2 stopped　　3 tried　　4 visited

この問題は会話文だね。Aの質問はDidではじまっているので、過去のことを話しているよ。「昨日、ハイキングに行ったの？」と聞かれたBは何と答えているかな？

(　　) は主語The rain「雨」のあとの動詞の部分で、選択肢はすべて過去形だから、「午前中に雨が～した」という意味の文だとわかるね。

この文の〈～, so ...〉は「～なので、…」という意味だから、stop「止まる」の過去形stoppedを入れて「雨が止んだので、川に行った」とすれば意味が通るね。

訳：A「昨日はハイキングに行ったの？」
　　B「うん。午前中に雨が止んだので、わたしたちは川に行ったよ」
　　1「待った」 2「止まった」 3「～をためした」 4「～を訪れた」　　（正解　2）

stopはpを重ねてed、tryはyをiに変えてedがつくよ。このタイプの過去形はほかに次のようなものがあるよ。

drop「落ちる、～を落とす」⇒dropped
plan「～を計画する」⇒planned
study「(～を) 勉強する」⇒studied
worry「心配する」⇒worried

3. ときかた

Dennis (　　　) his pencil. It was under his chair.

1 found　2 became　3 wrote　4 rode

選択肢は4つとも動詞の過去形だよ。過去の文だから、1文目は、「デニスはえんぴつを～した」という意味。

2文目の主語のItはhis pencilのことで、そのあとのwasはis「(～に) ある」の過去形。つまり、「えんぴつは彼のいすの下にあった」ということ。どこにあったかを伝えているので、find「～を見つける」の過去形foundを入れて「えんぴつを見つけた」とすると、うまくつながるね。

訳：「デニスはえんぴつを見つけました。それは彼のいすの下にありました」
1「～を見つけた」 2「～になった」 3「～を書いた」 4「～に乗った」

（正解　1）

wasはamとisの過去形、wereはareの過去形だよ。例文で確認しよう。

We were happy.　わたしたちはうれしかったです。
Mr. Sato was in the gym.　佐藤先生は体育館にいました。
How was your weekend?　週末はどうでしたか。
It was sunny all day.　一日中晴れでした。
└天気を表すit

英語を聞こう！& 音読しよう！ 2

※問題を全部とき終わったら、完成文の音声を聞いて、声に出して読みましょう。

筆記1-2　単語問題：適切な名詞を選ぶ問題

筆記１でいちばんよく出るのが名詞ですが、おぼえる名詞は５級のときほど多くありません。p.24〜27のおぼえよう!では、主に４級ではじめて出る名詞をリストにしています。色、スポーツ、家族、乗り物、曜日など、５級レベルの基本的な名詞を忘れている人は復習しておきましょう。

名詞は、ものや人の名前を表す語です。次の文を見て、名詞が文のどこにあるかを確認しましょう。

・The weather is nice today. Let's go to the park.
　天気　公園
今日は天気がいいです。公園に行きましょう。

・My uncle is a movie actor. He lives in a big city in America.
　おじ　映画　俳優　都市　アメリカ
わたしのおじは映画俳優です。彼はアメリカの大都市に住んでいます。

・She tells children interesting stories.
　子どもたち　話
彼女は子どもたちに興味深い話をします。

数えられる名詞は「1つ」と「2つ以上」で形がちがいます。最後の文のchildrenとstoriesはそれぞれ、childとstoryの「2つ以上」の形（複数形）です。

教える方へ：名詞には可算名詞（数えられる名詞）と不可算名詞（数えられない名詞）があります。可算名詞の複数形には語の最後に(e)sがつくのが基本ですが、childrenやstoriesのように少し形のちがうものもあります。試験では可算名詞・不可算名詞のちがいが問われることはないですが、childrenとchild、storyとstoriesが同じ語の変化形だとわかるようにしておきましょう。

✔CHECK!

次の名詞の正しい意味に○をつけましょう。

(1)	wife	(娘(むすめ)	妻(つま)	おば)
(2)	college	(大学	神社	場所)
(3)	company	(近所	会社	農場)
(4)	temple	(寺	事務所(じむしょ)	壁(かべ))
(5)	forest	(湖	星	森)
(6)	knife	(スプーン	ナイフ	フォーク)
(7)	machine	(機械(きかい)	伝言(でんごん)	鏡(かがみ))
(8)	pocket	(ポケット	ポスター	ジャケット)
(9)	sweater	(コート	ベルト	セーター)
(10)	soap	(石	石けん	切手)

答え

(1) 妻　(2) 大学　(3) 会社　(4) 寺　(5) 森
(6) ナイフ　(7) 機械　(8) ポケット　(9) セーター　(10) 石けん

おぼえよう!

（　　）内の語は4級で特に注意したい複数形です。（×）の語は複数形がない名詞です。あわせて確認しておきましょう。

【人を表す語】

□husband ⇔ wife	夫⇔妻
□son ⇔ daughter	息子⇔娘
□baby (babies)	赤ちゃん
□cousin	いとこ
□group	グループ、団体
□member	メンバー、一員
□farmer	農場主、農場経営者
□writer	作家
□volunteer	ボランティア
□visitor	訪問客

【場所、街、自然など】

□place	場所
□apartment	アパート
□café	カフェ
□college	大学、単科大学
□university	(総合) 大学
□company (companies)	会社
□farm	農場、農園
□hometown	生まれ故郷
□neighborhood	近所
□shrine	神社
□temple	寺
□cloud	雲
□forest	森
□lake	湖

□ **ocean**	海、大洋
□ **star**	星
□ **sun**	太陽

【身のまわりのもの】

□ **belt**	ベルト
□ **boat**	ボート
□ **clock**	時計
□ **clothes**（×）	衣服
□ **dish（dishes）**	皿、料理
□ **glass（glasses）**	コップ
□ **glasses**（×）	めがね
□ **key**	かぎ
□ **knife（knives）**	ナイフ、包丁
□ **machine**	機械
□ **map**	地図
□ **message**	メッセージ、伝言
□ **mirror**	鏡
□ **money**（×）	お金
□ **paper**（×）	紙
□ **pocket**	ポケット
□ **postcard**	はがき
□ **poster**	ポスター
□ **radio**	ラジオ
□ **robot**	ロボット
□ **sheep**（×）	ヒツジ
□ **smartphone**	スマートフォン
□ **soap**	石けん
□ **stamp**	切手
□ **stone**	石
□ **sweater**	セーター
□ **uniform**	ユニフォーム

glass「コップ」とglasses「めがね」をまちがえないようにしよう。

CHECK!

次の名詞(めいし)の正しい意味に○をつけましょう。

(1)	culture	(行事	文化	将来(しょうらい))
(2)	problem	(趣味(しゅみ)	例(れい)	問題)
(3)	temperature	(気温	理由	情報(じょうほう))
(4)	speech	(レポート	コンテスト	スピーチ)

答え

(1) 文化　(2) 問題　(3) 気温　(4) スピーチ

おぼえよう!

【そのほかの名詞】

□address	住所、アドレス
□answer	答え
□contest	コンテスト
□culture	文化
□dessert	デザート
□dream	夢(ゆめ)
□e-mail	Eメール
□event	行事、イベント
□example	例
□fever (×)	熱(ねつ)
□future	将来
□headache	頭痛(ずつう)
□hobby (hobbies)	趣味
□holiday	祝日(しゅくじつ)、休暇(きゅうか)
□homestay	ホームステイ
□information (×)	情報

□Internet（×）	インターネット
□job	仕事
□kind	種類（しゅるい）
□language	言語
□lesson	レッスン、授業（じゅぎょう）
□life（lives）	生活、人生
□menu	メニュー
□news（×）	ニュース
□picnic	ピクニック
□problem	問題
□question	質問（しつもん）
□race	競走（きょうそう）、レース
□reason	理由
□report	レポート
□sale	販売（はんばい）、セール
□speech	スピーチ
□stomachache	胃痛（いつう）、腹痛（ふくつう）
□story（stories）	話、物語
□subject	科目、教科、（Eメールの）件名（けんめい）
□temperature	気温、温度
□travel	旅行
□trip	旅行
□vacation	休暇
□vegetable	野菜（やさい）
□way	道、方向
□word	語、言葉

このほかにSpain「スペイン」やNew York「ニューヨーク」などの国や都市、Heiden Parkのような実際（じっさい）にはない場所も出てきます。大文字ではじまっていて、「～へ行く」や「～で（…する）」という文なら場所の名前だとわかります。

場所の名前とわかればOK！

I went to [Seattle] last summer. / We had a picnic in [Golden Park].

～へ行った　　～でピクニックをした

ポイント 前後の意味のつながりを意識しよう

意味が通るように、（　　）の正しい語に○をつけましょう。

(1) walk in the (pocket forest)

(2) buy a warm (sweater phone)

(3) talk about my dream in the speech (information contest)

(4) visit Taiwan for my next (vacation machine)

(5) eat spaghetti with the (soap fork)

(1)はwalk、(2)はwarm、(3)はspeechとのつながりがポイントだよ。

(4)のTaiwanはvisit「～を訪れる」のあとだから場所の名前だとわかるね。(5)のwithは「～で、～を使って」という意味だよ。

答え

(1) walk in the forest　森の中を歩く

(2) buy a warm sweater　あたたかいセーターを買う

(3) talk about my dream in the speech contest
スピーチコンテストでわたしの夢について話す

(4) visit Taiwan for my next vacation　次の休暇で台湾を訪れる

(5) eat spaghetti with the fork　フォークでスパゲティを食べる

英語を聞こう！& 音読しよう！ 3

(3)のspeech contest「スピーチコンテスト」のように、〈名詞＋名詞〉で1つの意味を表す表現があります。筆記1ではその片方が（　　）になる場合があるので、ほかの例もいくつか見ておきましょう。

□art museum　美術館
□birthday card　誕生日カード
□bus stop　バスの停留所
□city library　市立図書館
□concert hall　コンサートホール
□e-mail address　Eメールアドレス
□fire station　消防署
□fruit farm　果樹園
□phone number　電話番号
□soccer stadium　サッカー競技場
□TV program　テレビ番組
□world map　世界地図

Let's TRY

（　　）に入る適切なものを選んで、○をつけましょう。

1

Leia plays the piano very well. She goes to a music (　　) in Boston.

1 speech　　2 college　　3 stone　　4 farm

2

A: Math is too difficult for me.
B: You should talk to Ms. Wilson. She is giving (　　) after school.

1 members　　2 menus　　3 lessons　　4 hours

3

We went cycling because the (　　) was very nice.

1 message　　2 hobby　　3 example　　4 weather

1. ときかた

Leia plays the piano very well. She goes to a music (　　　)
in Boston.

1　speech　　2　college　　3　stone　　4　farm

英文をはじめから読もう。1文目は「レイアはとてもじょうずにピアノをひく」という意味の文だね。

2文目の主語SheはLeiaのことで、goes to ～は「～に行く」だから、music (　　) は場所を表す語句だとわかるよ。

選択肢の中で、場所を表す語はcollege「大学」とfarm「農場」の2つあるけど、(　　) の前にmusic「音楽」があって、ピアノがじょうずなのだから、レイアが行くのはmusic college「音楽大学」だね。

訳：「レイアはピアノをとてもじょうずにひきます。彼女はボストンの音楽大学に通っています」
1「スピーチ」 2「大学」 3「石」 4「農場」

（正解　2）

Bostonは知らなくても、in「～で」が前にあるから
国・都市の名前とわかればじゅうぶんだよ。

2. ときかた

A: Math is too difficult for me.
B: You should talk to Ms. Wilson. She is giving (　　　) after school.

1 members　2 menus　3 lessons　4 hours

「数学がむずかしすぎる」と言うAに対してBがYou should ...とアドバイスしているよ。shouldは「～すべきだ、～したほうがよい」という意味なんだけど、You should ～は相手へのアドバイスや提案としてよく使われるの。

Bが「ウィルソン先生に話したらいい」とすすめる理由が次の文にあるよ。SheはMs. Wilsonのことで、giveは「～をあげる、与える」という意味。先生が放課後に与えるものを考えると、lessonsだとわかるね。give lessonsは「授業を行う」という意味で、ここではmath lessons「数学の授業」のことだよ。

訳：A「数学はわたしにはむずかしすぎるわ」
B「ウィルソン先生に話したらいいよ。先生は放課後に授業をしているよ」
1「メンバー、一員」 2「メニュー」 3「授業」 4「時間」　(正解　3)

should「～すべきだ、～したほうがよい」はcanやwillと使い方が似てる？

そのとおり！ 助動詞っていうんだけど、動詞の前に置いて、その動詞に意味を加えるの。たとえば次のようなかんじよ！

read「読む」⇒can read「読める、読んでもよい」、should read「読むべき」、will read「(未来に) 読む」、must read「読まなければならない」

助動詞……動詞に意味を加える

canやshouldなどの語を助動詞といいます。会話でよく使うので、筆記2やリスニングでもよく出てきます。

◆ can「～することができる」(能力・可能)・「～してもよい」(許可)

Eri can speak Chinese.　エリは中国語を話すことができます。

People can get a free drink.　人々は無料の飲み物をもらうことができます。

You can use my umbrella.　わたしの傘を使ってもいいですよ。

◆ will「(未来に) ～します」「～でしょう」

The movie will start soon.　映画がまもなくはじまります。

It will be cold tonight.　今夜は寒くなるでしょう。

助動詞とhave toのあとはかならず動詞の原形がくるよ。

◆ may「～かもしれない」

You may be right.　あなたの言うことは正しいかもしれません。

◆ should「～すべきだ、～したほうがよい」

We should clean the kitchen.　わたしたちは台所をそうじしたほうがよいです。

◆ must「～しなければならない」

◆ must not「～してはいけない」　※短縮形はmustn't

You must drive slowly.　あなたはゆっくり運転しなければなりません。

You mustn't enter this room.　この部屋に入ってはいけません。

◆ have to ～「～しなければならない」

◆ do[does] not have to ～「～しなくてもよい」

I have to go to the dentist.　わたしは歯医者に行かなければなりません。

Do I have to buy a ticket?　わたしはチケットを買わなければなりませんか。

You don't have to change trains.　あなたは列車を乗り換えなくてもよいです。

英語を聞こう！& 音読しよう！ 4

教える方へ：4級は学ぶべき文法項目がたくさんあることから、本書では、筆記1の単語問題で出る文法から少しずつ学ぶよう配慮しています。ここでは単語をおぼえることに集中して、文法はあとで学んでもかまいません。

3. ときかた

We went cycling because the (　　　) was very nice.

1　message　　2　hobby　　3　example　　4　weather

wentはgoの過去形だったね。go cyclingは「サイクリングに行く」という意味だよ。うしろのbecauseは文と文をつなげる語で、「(なぜなら) ～だから」という意味。英文を前から順に読んでいって、becauseのところで「どうしてかというと」をあてはめるといいよ。この文だと、「わたしたちはサイクリングに行った。どうしてかというと、(　　) がとてもよかったから」という意味になるの。

つまり、because以下はサイクリングに行った理由になるので、weather「天気」が正解。

訳：「天気がとてもよかったので、わたしたちはサイクリングに行きました」
1「メッセージ、伝言」 2「趣味」 3「例」 4「天気」

(正解　4)

同じような意味の文を、〈～, so ...〉「～なので、…」を使って表すこともできるよ。

「天気がとてもよかったので、わたしたちはサイクリングに行きました」

We went cycling because the weather was very nice.
= The weather was very nice, so we went cycling.

英語を聞こう！& 音読しよう！ 5

接続詞……語と語、文と文などをむすぶ

soやbecauseなどの語を接続詞といいます。語と語、文と文などをむすぶ働きをします。4級ではじめて出てくる接続詞を見てみましょう。次の接続詞はどれも、うしろに〈主語＋動詞〉が続きます。

◆ because「(なぜなら) ～なので」

I didn't go to the festival because I had a cold.
わたしは風邪をひいていたので、お祭りに行きませんでした。

◆ when「～のとき」

Ann had a cat when she was a child.　アンは子どものとき、猫を飼っていました。

◆ before「～する前に」⇔after「～したあとに」

My mother always walks my dog before she goes to work.
わたしの母は、仕事に出かける前に、いつも犬の散歩をします。

I took a bath after I finished my homework.
わたしは宿題を終えたあとにお風呂に入りました。

◆ that「～ということ」　※think、know、say、believe、hearなどのあとに使います。

I know that you're good at tennis.
わたしは、あなたはテニスが得意だということを知っています。

このthatは省略されることがよくあります。

I think she's right.　わたしは、彼女は正しいと思います。
└thinkのうしろのthatが省略

接続詞は筆記1の単語問題だけじゃなくて、筆記3で出ることもあるよ。

英語を聞こう！& 音読しよう！ 6

筆記1-3　単語問題：そのほかの単語を選ぶ問題

単語問題では、動詞と名詞の問題のほかに、形容詞の問題がほぼ毎回出題されます。そのほか、副詞、代名詞、前置詞、接続詞などの問題がときどき出ます。

次の文を見て、形容詞、副詞、代名詞、前置詞、接続詞がそれぞれ文のどこにあるかを確認しましょう。

[形容詞]

・My town has a beautiful park.　わたしの町には美しい公園があります。
　beautiful：美しい

・The Internet is useful.　インターネットは便利です。
　useful：便利な

形容詞は「どんなだ」を表す言葉。名詞を説明するよ。

・Do you want another cup of tea?　紅茶をもう１杯ほしいですか。
　another：もう１つの

[副詞]

・Can you walk slowly?　ゆっくり歩いてくれる？
　slowly：ゆっくりと

副詞は動詞を修飾して、「どんなふうに（～する）」を表す語が多いよ。

[代名詞]

・I didn't say anything to her.　わたしは彼女に何も言いませんでした。
　anything：何も（～ない）

[前置詞]

・I waited at the station until two o'clock.　わたしは２時まで駅で待ちました。
　until：～まで

・I went to Hokkaido during my vacation.　わたしは休暇の間に北海道に行きました。
　during：～の間

[接続詞]

・Is this hat yours or Emi's?　この帽子はあなたのですか、それともエミのですか。
　or：それとも

※文と文をむすぶ接続詞はp.35参照。

形容詞

✔CHECK!

1 次の語の正しい意味に○をつけましょう。

(1)	angry	(うれしい	悲しい	怒った)
(2)	famous	(有名な	興奮した	かわいい)
(3)	careful	(自分自身の	注意深い	便利な)
(4)	tired	(ひまな	退屈な	疲れた)
(5)	healthy	(眠い	健康な	必要な)

2 反対の意味の語を線でむすびましょう。

(1)	clean ・	・ light
(2)	easy ・	・ strong
(3)	heavy ・	・ dirty
(4)	quiet ・	・ difficult
(5)	weak ・	・ noisy

答え

1 (1) 怒った (2) 有名な (3) 注意深い (4) 疲れた
(5) 健康な

2 (1) dirty (2) difficult (3) light (4) noisy (5) strong

おぼえよう!

□ **angry**	腹(はら)を立てた、怒(おこ)った
□ **beautiful**	美しい
□ **boring**	つまらない、退屈(たいくつ)な
□ **broken**	こわれた
□ **careful**	注意深い
□ **different**	ちがった、異(こと)なる、いろいろな
□ **excited**	（人が）わくわくした、興奮(こうふん)した
□ **exciting**	（物事が）わくわくするような
□ **famous**	有名な
□ **free**	ひまな、無料(むりょう)の
□ **full**	満腹(まんぷく)の、いっぱいの
□ **funny**	おかしな、おもしろい
□ **hard**	たいへんな、むずかしい
□ **important**	重要(じゅうよう)な
□ **interesting**	おもしろい、興味(きょうみ)深い
□ **last**	この前の、最後(さいご)の
□ **lucky**	運のよい
□ **necessary**	必要(ひつよう)な
□ **own**	自分自身の
□ **popular**	人気がある
□ **professional**	プロの
□ **rich**	裕福(ゆうふく)な
□ **sharp**	とがっている、するどい
□ **sleepy**	眠(ねむ)い
□ **special**	特別(とくべつ)な
□ **sure**	確(たし)かな
□ **surprised**	驚(おどろ)いた
□ **sweet**	甘(あま)い
□ **tired**	疲(つか)れた

□useful	便利な
□wonderful	すばらしい

□all	すべての
□another	もう1つの、ほかの
□both	両方の
□each	それぞれの、各自の
□every	すべての、毎～
□half	半分の
□other	ほかの

□cold	⇔	□hot	寒い、冷たい⇔暑い、熱い
□cool	⇔	□warm	すずしい⇔あたたかい
□left	⇔	□right	左の⇔右の
□same	⇔	□different	同じ⇔ちがった

bright「明るい」はプラス＋、dark「暗い」はマイナス－というように、反対のイメージとむすびつけておぼえるといいよ。

＋		－	
□bright	⇔	□dark	明るい⇔暗い
□cheap	⇔	□expensive	（値段が）安い⇔高い
□clean	⇔	□dirty	きれいな、清潔な⇔汚れた、汚い
□early	⇔	□late	（時間・時期が）早い⇔遅い
□easy	⇔	□difficult	かんたんな⇔むずかしい
□happy / glad	⇔	□sad	うれしい⇔悲しい
□healthy	⇔	□sick	健康な⇔病気の
□high	⇔	□low	高い⇔低い
□light	⇔	□heavy	軽い⇔重い
□open	⇔	□closed	（店などが）開いている⇔閉まっている
□quick	⇔	□slow	（動きが）速い⇔遅い
□quiet / silent	⇔	□noisy	静かな⇔うるさい
□right	⇔	□wrong	正しい⇔まちがった
□strong	⇔	□weak	強い⇔弱い

ポイント 形容詞は名詞との意味のつながりが大事

意味が通るように、(　　)の正しい語に○をつけましょう。

(1) wash (boring dirty) clothes

(2) I have some (exciting low) news.

(3) Kei goes to swimming school (first free every) week.

(4) I was (own bright tired) after the long practice.

(1)はどんなclothes「服」を洗うのかを考えよう。

答え

(1) wash dirty clothes 汚れた服を洗う

(2) I have some exciting news. わくわくするお知らせがあります。

(3) Kei goes to swimming school every week.
ケイは毎週水泳教室に行きます。

(4) I was tired after the long practice.
わたしは長い練習のあとで疲れていました。

英語を聞こう！＆ 音読しよう！ 7

副詞・代名詞・前置詞

おぼえよう!

【副詞】

□**again**	再び、また
□**ago**	～前に
□**already**	すでに
□**always**	いつも、常に
□**away**	離れて、留守で
□**later**	あとで
□**maybe**	たぶん
□**outside**	外に、外で
□**someday**	(未来の) いつか
□**soon**	まもなく、すぐに
□**still**	まだ、今でも
□**then**	そのとき、それから
□**tonight**	今夜
□**too**	あまりに～、～すぎる
□**once**	1度、1回
□**twice**	2度、2回

ago「～前に」は過去の文で使います。later、someday、soon、tonightなど、未来の文で使う語もあります。例文を見ておきましょう。

I went to Osaka three months ago.　わたしは3か月前に大阪へ行きました。

I'll call you later.　あとで電話するね。

The train will arrive soon.　列車はまもなく到着します。

□**early**	早く
□**easily**	かんたんに
□**slowly**	ゆっくりと
□**busily***	忙しく
□**coldly***	寒く、冷たく
□**freely***	自由に

> **教える方へ：**＊印の -lyの副詞は、4級にしては難しいのですが、誤答選択肢で登場することがあります。busilyならbusy、coldlyならcoldを知っていれば空所に合うかどうか判断できますので、特に副詞としての意味をおぼえなくてもよいです。

【代名詞】

□**everything**	すべて、何もかも
□**something**	何か
□**anything**	（疑問文で）何か、（否定文で）何も（～ない）
□**someone**	だれか
□**anyone**	（疑問文で）だれか、（否定文で）だれも（～ない）
□**everyone**	みんな、全員
□**no one**	だれも（～ない）

【前置詞】

□**around**	～のまわりに、～ごろ、およそ（≒ about）
□**beside**	～のそばに［で］
□**during**	～の間に、～の間ずっと
□**for**	～のために、～の間、～にとって
□**into**	～の中に［へ］
□**through**	～をとおして
□**until**	～まで（ずっと）
□**with**	～といっしょに、～で、～を使って
□**before** ⇔ □**after**	～の前に⇔～のあとに
□**over** ⇔ □**under**	～の上に、～を超えて⇔～の下に

ポイント 副詞は動詞との意味のつながりを考えよう

意味が通るように、（　　）の正しい語に○をつけましょう。

(1) The bus arrived (early until).

(2) The rain will stop (ago soon).

(3) Let's go and play (outside under).

(4) I went to Hawaii (beside during) the summer vacation.

(1)〜(3)は副詞の問題。動詞との意味のつながりを考えよう。

答え

(1) The bus arrived early. バスが早く到着しました。

(2) The rain will stop soon. 雨はまもなく止むでしょう。

(3) Let's go and play outside. 外へ遊びに行きましょう。

(4) I went to Hawaii during the summer vacation.
わたしは夏休みの間にハワイに行きました。

英語を聞こう！＆ 音読しよう！ 8

Let's TRY

（　　）に入る適切なものを選んで、○をつけましょう。

1

Yesterday, I saw a（　　　）actor in a shop. He was very tall.

1 light　　2 sure　　3 long　　4 famous

2

A: Are you all right, Brian?
B: I'm（　　　）, Mom. I'll go to bed early today.

1 useful　　2 sleepy　　3 last　　4 lucky

3

Jun can read English（　　　）, but he can't speak it very well.

1 easily　　2 together　　3 away　　4 twice

1. ときかた

Yesterday, I saw a (　　　) actor in a shop. He was very tall.

1 light　2 sure　3 long　4 famous

適切な形容詞を選ぶ問題だよ。1文目のsawはsee「～を見る」の過去形だから、「昨日、わたしは～を見た」という意味の文だね。

(　　) のうしろがactor「俳優」だから、(　　) にはどんな俳優なのかを表す語が入るよ。選択肢を順に見ていくと、actor「俳優」に合うのは、famous「有名な」だね。

訳：「昨日、わたしはある店の中で有名な俳優を見かけました。彼はとても背が高かったです」

1「軽い」 2「確かな」 3「長い」 4「有名な」

(正解　4)

2. ときかた

A: Are you all right, Brian?
B: I'm (　　　), Mom. I'll go to bed early today.

1　useful　　2　sleepy　　3　last　　4　lucky

Brian「ブライアン」とお母さんの会話だよ。Are you all right?「だいじょうぶ？」は具合が悪そうな相手にかける言葉。(　　)はブライアンの返事の部分にあるね。

選択肢を見ていくと、useful「便利な」とlast「この前の」はI'm (　　)に合わないけど、sleepy「眠い」とlucky「運のよい」はI'm (　　)に入りそうだね。こういう場合は特に、そのあとの文が大事。「今日は早く寝るよ」と言っているから、sleepy「眠い」状況だとわかるね。(　　)のうしろの文もしっかり読んで答えを選ぼう。

訳：A「だいじょうぶ、ブライアン？」
B「眠いんだ、お母さん。今日は早く寝るよ」
1「便利な」 2「眠い」 3「この前の」 4「運のよい」

（正解　2）

I'llはI willの短縮形。willの短縮形を整理しておこう。

I will → I'll	We will → We'll
They will → They'll	It will → It'll
He will → He'll	She will → She'll
You will → You'll	(否定形) will not → won't

3. ときかた

Jun can read English (　　　), but he can't speak it very well.

1 easily　　2 together　　3 away　　4 twice

〈~, but ...〉「~だけれど、…だ」という文だよ。(　　) の前の部分は「ジュンは英語を読むことができる」という意味だね。選択肢はどれも「どんなふうに」を表す語(副詞)で、ここでは「どんなふうに英語を読めるのか」が問われているの。

文の続きを見よう。「でも、それ(=英語)をあまりじょうずに話すことはできない」とあるね。だから、easily「かんたんに」を入れて、「~はかんたんにできるけど、…はできない」とすれば意味が通るね。easy「かんたんな」とeasily「かんたんに」はどちらも重要な語だからおさえておこう。

訳:「ジュンは、英語をかんたんに読むことができますが、それをあまりじょうずに話すことはできません」
1「かんたんに」 2「いっしょに」 3「離れて」 4「2回」

(正解　1)

この問題は、文中のitが何を指すのかを理解するのもポイントだよ。

英語を聞こう!& 音読しよう! 9

筆記1-4　熟語問題：熟語を完成させる問題

熟語の問題は通常、筆記1の15問中5問出題されます。
4級の熟語の種類は、大きく分けると次の4つです。

①動作を表す熟語　（例）get on ～　（乗り物）に乗る／take a walk　散歩する
②形容詞の熟語　（例）be interested in ～　～に興味がある
③前置詞ではじまる熟語　（例）for a long time　長い間
④そのほか　（例）all day　一日中

熟語はどうやっておぼえたらいいの?

上の①～④のような種類に分けて、単語帳などを使って1つずつおぼえる方法があります。また、文脈でおぼえるほうが効率のよい熟語もあります。たとえば、次のようなタイプです。

take A **to** B「AをBに連れていく」

この本では、take A to Bや〈take＋人＋to＋場所〉のような表記をしていますが、このタイプの熟語は、次のように具体的な語句を入れたカタマリでおぼえるとよいです。

take my son **to** the hospital「息子を病院に連れていく」

何度も口に出すことで、takeのあとには「人」がきて、toのあとには「場所」がくるんだな、という感覚が身についてきます。

このあとの おぼえよう! にはいくつか 例文 があるので、ぜひ音声を利用して、文を丸ごとおぼえましょう。

おぼえよう!

【動作を表す熟語】

□arrive at[in] ~	～に到着する
□ask ~ for help	～に助けを求める
□become friends with ~	～と友だちになる
□catch a cold	風邪をひく
□come back from ~	～から帰ってくる
□come home	帰宅する
□feel better	気分がよくなる
□get home	帰宅する
□get on ~ ⇔ □get off ~	（乗り物）に乗る⇔（乗り物）を降りる
□get to ~	～に着く、～に到着する
□give up	あきらめる
□go (back) home	帰宅する
□go back to ~	～に帰る、～に戻る
□go on a trip	旅行に行く
□go out	外出する
□have a cold	風邪をひいている
□have a good time	よい時をすごす
□have a headache	頭が痛い
□have a stomachache	おなかが痛い
□have an idea	考えがある
□hear about ~	～について聞く
□help +人+ with ~	～のことで（人）を手伝う
□hurry up	急ぐ
□leave ~ for ...	…に向かって～を出発する
□look for ~	～をさがす
□look like ~	～に似ている、～のように見える
□make friends	友だちを作る
□move to ~	～に引っ越す

□**play catch**	キャッチボールをする
□**say goodbye to ~**	～にさよならを言う、～に別れを告げる
□**slow down**	速度を落とす
□**speak to ~**	～に話しかける、～と話す
□**stay at[in] ＋場所**	～に滞在する、～に泊まる
□**stay (at) home**	家にいる
□**stay with ＋人**	（人）のところに滞在する
□**take a trip**	旅行する
□**take a walk**	散歩する
□**take ~ for a walk**	～を散歩に連れていく
□**take ＋人＋ to ＋場所**	（人）を（場所）に連れていく
□**take ＋乗り物＋ to ＋場所**	（乗り物）に乗って（場所）へ行く
□**talk to ~**	～に話す、～に話しかける
□**turn on ~** ⇔ □**turn off ~**	～の電源を入れる⇔～の電源を切る
□**wake up**	目が覚める
□**wait for ~**	～を待つ
□**worry about ~**	～のことを心配する

例文

・I asked my mother for help.　わたしは母親に助けを求めました。
・Get off the bus at the second stop.　2つめの停留所でバスを降りてください。
・Can you help me with my homework?　宿題を手伝ってくれる？
・The bus will leave school for the zoo at 10 a.m.
バスは午前10時に動物園に向かって学校を出発します。
・Naoko stayed at her friend's house.　ナオコは友だちの家に滞在しました。
・Naoko stayed in a beautiful town.　ナオコは美しい町に滞在しました。
・Naoko stayed with her friend.　ナオコは友だちのところに滞在しました。
・Ai loves to take her dog for a walk.　アイは犬を散歩に連れていくのが大好きです。
・I have to take my son to the hospital.
わたしは息子を病院に連れていかなければなりません。
・We took a train to the airport.　わたしたちは列車に乗って空港に行きました。
・Can you turn off the TV?　テレビの電源を切ってくれませんか。

【形容詞の熟語】

主に〈be＋形容詞＋前置詞〉の形の熟語です。beは文によってis、are、wasなどになります。筆記1で出るときは、beのあとの形容詞か、そのあとのtoやatが空所になります。

□**be able to ~**	～することができる
□**be good at ~**	～が得意である
□**be interested in ~**	～に興味がある
□**be kind to ~**	～に親切である
□**be late for ~**	～に遅れる、遅刻する

例文

・I wasn't able to answer the question.
わたしはその質問に答えることができませんでした。
※be able to ～「～することができる」のtoのあとには動詞の原形がきます。

・Don't be late for school.　学校に遅刻してはいけません。

【前置詞ではじまる熟語】

□**after work**	仕事のあとで
□**at once**	すぐに
□**by the way**	ところで
□**for a long time**	長い間
□**for example**	たとえば
□**for free**	無料で
□**for the first time**	はじめて
□**in the future**	将来
□**in front of ~**	～の前に［で］
□**on foot**	徒歩で
□**on vacation**	休暇で

例文

・In the future, I want to be a pilot.　将来、わたしはパイロットになりたい。

・Let's meet in front of the school gate.　校門の前で会いましょう。

【そのほか】

次のリストの＊印の表現は筆記3でも出やすいので、書く練習もしましょう。

□**a cup of ～**＊	カップ1杯の～
□**a glass of ～**＊	コップ1杯の～
□**a lot**	たくさん、大いに
□**a member of ～**＊	～のメンバー
□**again and again**	何度も
□**all day**	一日中
□**all over the world**	世界中で［の］
□**as ～ as ...**＊	…と同じくらい～
□**because of ～**	～のために、～が理由で
□**between A and B**＊	AとBの間
□**both A and B**＊	AもBも（両方とも）
□**each other**＊	お互いに
□**from A to B**＊	AからBまで
□**many kinds of ～**＊	多くの種類の～
□**more and more ～**	ますます多くの～
□**not ～ at all**＊	まったく～ない
□**one day**	（未来の）いつか、（過去の）ある日
□**one of ～**＊	～のうちの1つ
□**right now**	今すぐに、たった今
□**some of ～**＊	～のうちのいくつか

例文

・Kenta sat between Sam and Jim.　ケンタはサムとジムの間に座りました。

・I like both math and science.　わたしは数学も理科も好きです。

・We enjoyed talking with each other.　わたしたちは互いに話して楽しみました。

・Amy works from Monday to Friday.
エイミーは月曜日から金曜日まで働いています。

・I saw many kinds of animals.　わたしは多くの種類の動物を見ました。

・John can't speak French at all.　ジョンはフランス語がまったく話せません。

・Shopping is one of her hobbies.　買い物は彼女の趣味の1つです。

└one ofのあとには名詞の複数形がくる

as ～ as ...の文

as ～ as ...は「…と同じくらい～」という意味で、「～」には形容詞・副詞が入ります。

My bike is as new (　　) yours. 1 of　2 into　3 from　4 as └これが正解！ わたしの自転車はあなたのと同じくらい新しいです。　※yoursはyour bikeのこと

否定文not as ～ as ...は「…ほど～ない」という意味です。

My bike is not as expensive as yours.
わたしの自転車はあなたのほど高価ではありません。

そのほか、筆記1では、Just a moment.「少し待ってください」のような会話表現が問われることもありますが、会話の表現は筆記2のところ（p.88～91）でまとめて扱います。

英語を聞こう！& 音読しよう！ 10～13

p.50～53では、特に文脈でおぼえたほうがよい熟語を例文で示しています。例文と音声を使って次のようなトレーニングをすると、「聞く・話す」ができるようになります。

1. 音声を聞きながら、英文を目で追う。
2. 英文を目で追いながら、音声の発音をまねして音声と同時に英文を読み上げる。
（余裕があれば、英文を見ずに音声のあとを追うようにして発話する）

教える方へ： ここで紹介した音読は英語力を伸ばす方法として非常に効果的です。このとき大切なのは、英文の意味を理解した上で行うことと、正しい発音で読むことです。まちがった発音や日本語のカタカナの発音で読んでしまうと、「聞く・話す」につながりません。できるだけ音声に近い発音になるように発話することがポイントです。

ポイント 文の意味に合う熟語をつくろう

意味が通るように、(　　)の正しい語に○をつけましょう。

(1) Sally (looked made) new friends at school.

(2) We (took went) a train to New York.

(3) Victoria is kind (to of) everyone.

(4) I played volleyball (for at) the first time.

(5) We should help each (some other last).

(6) Mike went (little back long) to his country last month.

(7) In the park, you can see many kinds (to by of) birds.

(3)のkindは「親切な」、(7)のkind(s)は「種類」という意味だよ。

答え

(1) Sally made new friends at school.
サリーは学校で新しい友だちを作りました。
・make friends「友だちを作る」

(2) We took a train to New York.
わたしたちは列車に乗ってニューヨークに行きました。
・take ＋乗り物＋ to ＋場所「(乗り物) に乗って (場所) に行く」

(3) Victoria is kind to everyone.
ビクトリアはみんなに親切です。
・be kind to ～「～に親切である」

(4) I played volleyball for the first time.
わたしははじめてバレーボールをしました。
・for the first time「はじめて」

(5) We should help each other.
わたしたちはお互いに助け合うべきです。
・each other「お互いに」

(6) Mike went back to his country last month.
マイクは先月、自分の国に帰りました。
・go back to ～「～に帰る」

(7) In the park, you can see many kinds of birds.
その公園では、たくさんの種類の鳥を見ることができます。
・many kinds of ～「たくさんの種類の～」

英語を聞こう！& 音読しよう！ 14

Let's TRY

(　　) に入る適切なものを選んで、○をつけましょう。

1

Naoko stayed (　　　) her host family in Australia last summer.

1　about　　2　with　　3　for　　4　by

2

A: It's nice weather. Let's (　　　) a walk, Jim.
B: Good idea.

1　take　　2　call　　3　say　　4　show

3

Mayu likes to read comic books. Last Sunday, she read them ( ) day.

1 few 2 both 3 all 4 other

4

My daughter is good ( ) art. She likes drawing pictures of animals.

1 for 2 in 3 by 4 at

1. ときかた

Naoko stayed (　　　) her host family in Australia last summer.

1 about　2 with　3 for　4 by

(　　) はstayedのあとにあるね。stayをふくむ熟語は次の2パターンをおぼえておこう。

stay at [in] ＋場所「～に滞在する、～に泊まる」
stay with＋人「(人) のところに滞在する」

(　　) のあとのhost family「ホストファミリー」は「人」だから、withが正解。「ホストファミリーのところに滞在した」という意味になるよ。

もし (　　) のあとがAustraliaなら、Naoko stayed in Australiaで「ナオコはオーストラリアに滞在した」となるよ。

訳：「ナオコはこの前の夏、オーストラリアでホストファミリーのところに滞在しました」
　1「～について」 2 stay with ～で「～のところに滞在する」
　3「～のために」 4「～のそばに」

(正解　2)

stayはatもinもwithも続くから少しややこしいけど、選択肢にはatもinもないから、迷うことはないね。

2. ときかた

A: It's nice weather. Let's (　　　) a walk, Jim.
B: Good idea.

1 take　　2 call　　3 say　　4 show

最初のIt's nice weather.は「天気がいいね」という意味。Let's ～は「～しましょう」と相手をさそう表現。天気がいいので何をしようとさそっているかな？

(　　)のあとのwalkは名詞で「散歩」という意味なんだけど、ここではa walkといっしょに使う動詞が問われているよ。take a walk「散歩する」が正解。

訳：A「天気がいいね。散歩をしましょうよ、ジム」
　　B「いいね」
　　1 take a walkで「散歩する」 2「～に電話する」 3「言う」 4「～を見せる」

（正解　1）

takeをふくむ熟語をまとめておこう。5級のときにおぼえた熟語が4級で出ることもあるよ。

take a picture　写真をとる
take a bath　お風呂に入る
take a shower　シャワーをあびる
take a trip　旅行する　→go on a tripも出る！
take a walk　散歩する　→go for a walkも出る！

3. ときかた

Mayu likes to read comic books. Last Sunday, she read them ( ) day.

1 few　2 both　3 all　4 other

1文目は「マユはマンガを読むのが好き」という意味。like to ～で「～するのが好き」という意味だよ。

2文目はLast Sunday「この前の日曜日」ではじまっているので、過去のこと。sheはMayu、themはcomic booksのこと。だから、( ) の前は「この前の日曜日、マユはマンガを読んだ」という意味だね。( ) dayで熟語をつくるよ。マンガが好きなのだから、all day「一日中」読んだと考えられるね。3のallが正解！

2文目は過去の文だから、readは過去形だよ。原形とつづりが同じだけど発音がちがうから要注意。音声で確認しておこう。

訳：「マユはマンガを読むのが好きです。この前の日曜日、彼女は一日中マンガを読みました」

1「少しの」 2「両方とも」 3 all dayで「一日中」 4「ほかの」　（正解 3）

選択肢1のfewは、a few days「数日、2～3日」のように使うよ。2のbothは次の2とおりの使い方を知っておこう。筆記1でも筆記3でも出やすい表現だよ。

I like both meat and fish.　わたしは肉も魚も（両方とも）好きです。

My parents both work.　わたしの両親は2人とも働いています。

to＋動詞の原形……「〜すること」（to不定詞の名詞的用法）

この問題で出てきたlike to readのように、動詞のあとに〈to＋動詞の原形〉がくることがあります。〈to＋動詞の原形〉で「〜すること」という意味ですが、日本語では「〜こと」とならない場合が多いので、熟語のようにそのままおぼえてしまいましょう。

◆ like to *do*「〜するのが好きだ」 ※以下、“*do*”は動詞の原形を表します。

I like to play video games with my friends.
わたしは友だちとテレビゲームをするのが好きです。

toのあとに動詞の原形が続くことがポイントだよ。

What do you like to do in your free time?
あなたはひまなとき、何をするのが好きですか。

◆ love to *do*「〜するのが大好きだ」

I love to cook on weekends.　わたしは週末に料理をするのが大好きです。

◆ want to *do*「〜したい」

I want to eat pizza for lunch.　わたしは昼食にピザを食べたいです。

◆ want to be 〜「〜になりたい」

Andy wants to be a dancer in the future.　※beは「〜になる」という意味です。
アンディは将来、ダンサーになりたいと思っています。

◆ start to *do*「〜しはじめる」

It started to rain.　雨が降りはじめました。

◆ need to *do*「〜する必要がある」

You need to practice every day.　あなたは毎日練習する必要があります。

◆ forget to *do*「〜するのを忘れる」

I forgot to do my math homework.　わたしは数学の宿題をするのを忘れました。

英語を聞こう！＆ 音読しよう！ 15

4. ときかた

My daughter is good (　　　) art. She likes drawing pictures of animals.

1 for　2 in　3 by　4 at

is good at ～で「～が得意である」という意味の熟語なので、4のatが正解。この表現は会話の問題やリスニングでもよく出てくるのでおぼえておこう。

2文目のlikes drawingは「～を描くのが好きだ」という意味。like *do*ingで「～するのが好き」という意味だよ。

訳：「わたしの娘はアートが得意です。彼女は動物の絵を描くのが好きです」

（正解　4）

be good at ～は be good at *do*ing「～することが得意だ」の形でもよく使われるよ。

My daughter is good at drawing pictures of animals.
わたしの娘は動物の絵を描くのが得意です。

英語を聞こう！& 音読しよう！ 16

動詞のing形……「～すること」(動名詞)

動詞のing形にも「～すること」という意味があります。4級で出てくる表現をおぼえましょう。

◆ like *do*ing「～するのが好きだ」

I like taking pictures. わたしは写真をとるのが好きです。

◆ love *do*ing「～するのが大好きだ」

I love cooking in my free time.
わたしはひまなときに料理をするのが大好きです。

◆ start *do*ing「～しはじめる」

I started playing table tennis when I was eleven.
わたしは11歳のときに卓球をしはじめました。

◆ stop *do*ing「～するのをやめる」

Rui stopped watching TV. ルイはテレビを見るのをやめました。

◆ finish *do*ing「～し終える」

I finished writing a report. わたしはレポートを書き終えました。

◆ enjoy *do*ing「～するのを楽しむ」

Frank enjoyed painting in the park.
フランクは公園で絵を描くのを楽しみました。

動詞のing形は、「～しています」の文でも使うので、注意が必要です。次の2つの文で確認しておきましょう。

He is playing tennis now. 彼は今、テニスをしています。
He enjoys playing tennis. 彼はテニスをするのを楽しみます。

英語を聞こう！＆ 音読しよう！ 17

筆記1-5 文法の知識を問う問題

4級の文法は中学2年生レベルです。文法の知識を問う問題は筆記1と筆記3にあります。筆記1では通常、15問中最後の3問が文法問題になります。

4級でおさえておきたい文法には次のようなものがあります。このあと、まだ学んでいない項目を中心にみていきます。筆記3の並べかえ問題で出る文法もふくまれているので、ここでしっかりと学んでおきましょう。

① 「～した」（過去）／was[were] *do*ing「～していた」（過去進行形）
　will「～するだろう」／be going to *do*「～する予定［つもり］だ」（未来）（時制）
　⇒p.14～16

② 「～すること」（to不定詞・動名詞）⇒p.61, 63／「～するために」（to不定詞）

③ 「～に…をあげる」などの文（SVOO）

④ 「～がある」の文　There is[are] ～

⑤ WhichやWhyなどの疑問文　（疑問詞）

⑥ 「～よりも…」「～でいちばん…」の文　（比較）

⑦ must、should、have to ～など　（助動詞）⇒p.33

⑧ whenやbecauseなど　（接続詞）⇒p.35

わぁ、4級の文法はたくさんあるね……。

そうね。でもどれも基本だからとっても大事。しっかりと学んでおこう！

①現在(げんざい)・過去・未来／進行形（時制）

まず、現在・過去・未来の文を整理しましょう。

【現在】

I play the piano.　わたしはピアノをひきます。

I don't play the piano.　わたしはピアノをひきません。

Do you play the piano?　あなたはピアノをひきますか。
— Yes, I do. / No, I don't.　はい、ひきます。／いいえ、ひきません。

Kana plays the piano.　カナはピアノをひきます。

Kana doesn't play the piano.　カナはピアノをひきません。

Does Kana play the piano?　カナはピアノをひきますか。
— Yes, she does. / No, she doesn't.
はい、ひきます。／いいえ、ひきません。

do、does、did
を使ったら動詞(どうし)は
原形！

【過去】 4級はコレが出る！

I took a picture.　わたしは写真をとりました。

I didn't take a picture.　わたしは写真をとりませんでした。

Did you take a picture?　あなたは写真をとりましたか。
— Yes, I did. / No, I didn't.　はい、とりました。／いいえ、とりませんでした。

【未来】 4級はコレが出る！

Jim is going to visit Shizuoka.　ジムは静岡(しずおか)を訪(おとず)れる予定です。

Jim will stay in a hotel for a week.　ジムは1週間ホテルに滞在(たいざい)します。

Jim won't go to Tokyo.　ジムは東京に行かないでしょう。

Are you going to climb Mt. Fuji?　あなたは富士山(ふじさん)に登る予定ですか。
— Yes, I am. / No, I'm not.　はい、そうです。／いいえ、そうではありません。

【進行形】

[現在]

My father is washing the car.　わたしの父は車を洗っています。

[過去]　4級はコレが出る！

My father was washing the car when I got home.

わたしが帰宅したとき、父は車を洗っていました。

「～していました」というときは、過去形のwas[were] *do*ingを使います。when「～のとき」といっしょに使うことが多いです。

英語を聞こう！＆ 音読しよう！ 18～21

ポイント　動詞の形を使いわけよう

意味が通るように、（　　）の正しい語に○をつけましょう。

(1) The students (run ran) 10 kilometers yesterday.

(2) Last month, Yuji and I (went go) fishing together.

(3) I'm going (join to join) a summer camp next month.

(4) My dog is (sleep sleeping) over there.

(5) Paul (will is do) come to my house by bike.

(6) Sue (is be was) reading a book when I saw her.

(1)と(2)は、yesterdayとLast monthから、過去のことだとわかるね。

(4)は（　　）の前のis、(5)は（　　）のあとのcomeに合うものを考えよう。

答え

(1) The students ran 10 kilometers yesterday.
生徒たちは昨日、10キロメートルを走りました。 [過去の文]

(2) Last month, Yuji and I went fishing together.
先月、ユウジとぼくはいっしょに釣りをしに行きました。 [過去の文]
※ go fishing は「釣りをしに行く」という意味。

(3) I'm going to join a summer camp next month.
来月、わたしはサマーキャンプに参加する予定です。
[未来の文〈be going to ＋動詞の原形〉]

(4) My dog is sleeping over there.
わたしの犬はあそこで眠っています。 [現在進行形「(今) ～しています」の文]

(5) Paul will come to my house by bike.
ポールは自転車でわたしの家に来るでしょう。 [未来の文〈will ＋動詞の原形〉]

(6) Sue was reading a book when I saw her.
わたしがスーを見かけたとき、彼女は本を読んでいました。
[過去進行形「～していました」の文]

(6)のsawはsee「～を見る」の過去形だから、
過去の文になるようにwasを選ぶのよ。

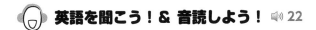

英語を聞こう！& 音読しよう！ 22

教える方へ：4級では未来の文が出てきますが、willとbe going toの意味のちがいは問われません。willとbe going toのあとは動詞の原形が続くといった動詞の形と語順をしっかりと習得することが大事です。

② 「～すること」（to不定詞・動名詞）

動詞のあとに置いて「～すること」を表すのは〈to＋動詞の原形〉と動詞のing形の2つありますが、どんな動詞にも使えるわけではありません。次の3パターンを見てみましょう。

1. 〈to＋動詞の原形〉と動詞のing形のどちらにも使える

like to *do* / like *do*ing　～するのが好きだ

start to *do* / start *do*ing　～しはじめる

2. 〈to＋動詞の原形〉のみ使える

want to *do*　～したい

need to *do*　～する必要がある

3. 動詞のing形のみ使える

stop *do*ing　～するのをやめる

finish *do*ing　～し終える

enjoy *do*ing　～するのを楽しむ

practice *do*ing　～するのを練習する

〈to＋動詞の原形〉「～すること」がisのあとにくる文もあります。

My dream is to be a pianist.　わたしの夢はピアニストになることです。

動詞のing形「～すること」は文の主語にもなります。

Speaking English is fun.　英語を話すことは楽しいです。

「～するために」（to不定詞）

〈to＋動詞の原形〉は「～するために」という意味もあります。

I went to the zoo to see a baby lion.

└「見るために」

わたしはライオンの赤ちゃんを見るために動物園に行きました。

このページの表現は筆記3の並べかえでも出るよ。
toのあとには動詞の原形が続くことがポイント！

ポイント to不定詞と動名詞をマスターしよう

意味が通るように、（　　）の正しい語に○をつけましょう。

(1) like to (　make　making　) cookies

(2) enjoy (　watch　watching　) basketball

(3) It started (　snow　to snow　).

(4) go to a bookstore (　to buy　bought　) a magazine

答え

(1) like to make cookies
クッキーを作ることが好き　※ to のあとは動詞の原形

(2) enjoy watching basketball
バスケットボールを見るのを楽しむ　※ enjoy のあとは -ing 形

(3) It started to snow.
雪が降り（ふ）はじめました。　※ start のあとは〈to ＋動詞の原形〉あるいは -ing 形

(4) go to a bookstore to buy a magazine
雑誌（ざっし）を買うために本屋へ行く　※「～するために」という意味の〈to ＋動詞の原形〉

教える方へ：これらの問題のように、toのあとには動詞の原形が続く、stop *do*ingが「～するのをやめる」という意味だと知っていることが重要になります。たとえば、「～するのが好きだ」という意味のlike to *do*とlike *do*ingのちがいを問うような問題は出ませんので、to不定詞と動名詞のちがいを理解する必要はありません。

③「～に…をあげる」などの文（SVOO・人称代名詞）

「(人) に (もの) を～する」という意味になる動詞があります。4級に出やすい動詞を見てみましょう。

◆ give＋人＋もの「(人) に (もの) をあげる、与える」

I gave Yui a book. わたしはユイに本をあげました。

　～に　…を　≒ I gave a book to Yui.

◆ send＋人＋もの「(人) に (もの) を送る」

I sent her a letter. わたしは彼女に手紙を送りました。

　～に　…を　≒ I sent a letter to her.

◆ show＋人＋もの「(人) に (もの) を見せる」

I showed them a picture. わたしは彼らに写真を見せました。

　～に　…を　≒ I showed a picture to them.

◆ tell＋人＋もの「(人) に (もの) を教える、伝える、話す」

Ann told her husband everything. アンは夫にすべてを話しました。

　～に　…を　≒ Ann told everything to her husband.

◆ teach＋人＋もの「(人) に (もの) を教える」

Jenny teaches children English. ジェニーは子どもたちに英語を教えています。

　～に　…を　≒ Jenny teaches English to children.

◆ buy＋人＋もの「(人) に (もの) を買う」

My mother bought me a new desk. 母がわたしに新しい机を買ってくれました。

　～に　…を　≒ My mother bought a new desk for me.

◆ make＋人＋もの「(人) に (もの) を作ってあげる」

She made us sandwiches. 彼女はわたしたちにサンドイッチを作ってくれました。

　～に　…を　≒ She made sandwiches for us.

〈動詞＋もの＋to[for]＋人〉の表現はp.19にもあるよ。

英語を聞こう！& 音読しよう！ 23

左ページのような文の「(人) に」の部分には、下の表の「～に」の語を使います。

[単数(たんすう) (1人)]

	～は	～の	～を・～に	～のもの
わたし	I	my	me	mine
あなた	you	your	you	yours
彼	he	his	him	his
彼女	she	her	her	hers
それ	it	its	it	—

I sent her a letter. ≒ I sent a letter to her. わたしは彼女に手紙を送りました。

└「～に」の語　　└「～に」の語

[複数(ふくすう) (2人以上)]

	～は	～の	～を・～に	～のもの
わたしたち	we	our	us	ours
あなたたち	you	your	you	yours
彼(女)ら／それら	they	their	them	theirs

筆記1では次のような問題が出ます。

My uncle taught (　　) Spanish.

1 I　2 me　3 my　4 mine

└これが正解(せいかい)！

おじがわたしにスペイン語を教えてくれました。

for やtoなどの前置詞(ぜんちし)のあとも「～に」の形になります。

Hana made sandwiches for (　　).

1 they　2 them　3 theirs　4 their

└これが正解！

ハナは彼らにサンドイッチを作りました。

ポイント 「(人) に (もの) を～する」の文をマスターしよう

意味が通るように、(　　) の正しい語に○をつけましょう。

(1) Can you (talk　tell) me the way to the station?

(2) I'll send (her　she) an e-mail tomorrow.

(3) Amelia gave a nice present to (he　his　him).

(4) Kei has two hamsters. She bought (they　them　their) at a pet shop.

(1)は〈人＋もの〉が続く
動詞はどっちかな？

答え

(1) Can you tell me the way to the station?
わたしに駅への道を教えてもらえますか。
※ tell AB は「A に B を教える」という意味。talk はすぐあとに「人」がこない。

(2) I'll send her an e-mail tomorrow.
明日、わたしは彼女にメールを送ります。

(3) Amelia gave a nice present to him.
アメリアは彼にすてきなプレゼントをあげました。

(4) Kei has two hamsters. She bought them at a pet shop.
ケイはハムスターを 2 匹飼っています。彼女はペットショップでそれらを買いました。
※ two hamsters という名詞の複数形を them で表します。

④「～がある」の文（There is ～）

「～がありますず、～がいます」はThere is［are］～と表します。1つならis、2つ以上あるならareを使います。

There is an apple in the basket.　かごの中にリンゴが1つあります。
└1つ

There are three students in the room.　部屋には生徒(せいと)が3人います。
└3人

There aren't any parks around here.　この辺(あた)りには公園は1つもありません。

Is there a bank around here? ― Yes, there's one at that corner.
この辺りに銀行はありますか。― はい、あの角に1つあります。
※oneはa bankのこと　短縮形(たんしゅくけい)：there is＝there's

How many balls are there in the box? ― There are four.
箱には何個(なんこ)のボールがありますか。― 4個あります。

ポイント「～がある」をThere is［are］～で表そう

意味が通るように、（　　）の正しい語に○をつけましょう。

(1) There（ is　are ）a large library in my school.

(2) （ They　There ）are ten boys in the computer club.

答え

(1) There is a large library in my school.
わたしの学校には大きい図書室があります。

(2) There are ten boys in the computer club.
コンピュータクラブには10人の男の子がいます。

⑤ WhyやWhichなどの疑問文（疑問詞）

4級で出やすい疑問詞を確認します。返事とセットで考えましょう。

◆ Why　なぜ

Why were you late? — Because the bus didn't come.
あなたはなぜ遅刻したのですか。— バスが来なかったからです。

Why ～?に対するBecauseは言わないこともあるよ。

◆ Which＋名詞　どの～、どちらの～

Which bag is yours? — The blue one.　※oneはbagのこと
どちらの[どの]バッグがあなたのですか。— 青いのです。

◆ What kind of ～?　どんな（種類の）～

What kind of movies do you like? — I like action movies.
あなたはどんな映画が好きですか。— わたしはアクション映画が好きです。

ポイント　返事に合うものを選ぼう

意味が通るように、（　　）の正しい語に○をつけましょう。

(1)（ Who　What　Why ）are you studying so hard?
— I have a test tomorrow.

(2)（ Which　Why　When ）girl is your daughter?
— The one with short hair.

答え

(1) Why are you studying so hard? — I have a test tomorrow.
なぜそんなに一生懸命勉強しているの？ — 明日、テストがあるの。

(2) Which girl is your daughter? — The one with short hair.
└oneはgirlのこと
どちらの［どの］女の子があなたの娘さんですか。— 短い髪の子です。

⑥「～よりも…」「～でいちばん…」の文（比較）

「～よりも…」や「～でいちばん…」と表すとき、形容詞・副詞の形が変わります。

◆「～よりも…」比較級＋than ～

ほかの人やものとくらべて「～よりも…」というとき、形容詞・副詞の最後にerをつけます。

Jun is taller than Ken.　ジュンはケンよりも背が高いです。

tall + er　　than「～よりも」

◆「～でいちばん…」the＋最上級＋in ～

「クラスで」「世界で」のように、ある範囲の中でくらべて「いちばん～、最も～」というとき、形容詞・副詞の最後にestをつけます。

Toru is the tallest in his class.　トオルはクラスでいちばん背が高いです。

tall + est

This is the biggest lake in Japan.　これは日本でいちばん大きな湖です。

〈the＋最上級＋名詞〉の語順に注目

[比較級・最上級のつくりかた]

✔形容詞・副詞にer/estをつける←基本形
✔eで終わる語にはr/stをつける
✔tやgを重ねてer/estをつける
✔yで終わる語にはyをiにしてer/estをつける

原級（もとの形）	比較級	最上級
tall　背が高い	taller	tallest
long　長い	longer	longest
fast　速い、速く	faster	fastest
large　大きい	larger	largest
hot　熱い、暑い	hotter	hottest
big　大きい	bigger	biggest
busy　忙しい	busier	busiest

✔不規則に変化をする語

原級	比較級	最上級
good　よい、じょうずな	better	best
well　じょうずに、健康で	better	best
like ~ better than ...　…よりも~が好き／like ~ the best　~がいちばん好き		

Your idea is better than mine.　あなたの考えはわたしのよりもよいです。

mine（わたしのもの）= my idea

good（よい）の比較級

I like your idea the best.　わたしはあなたの考えがいちばん好きです。

mine「わたしのもの」などの語は p.71の表を見よう。

more・mostの文

つづりの長い語の比較級はmore、最上級はmostを使って表します。

Soccer is more popular than baseball in my class.
わたしのクラスでは、サッカーが野球よりも人気があります。

Soccer is the most popular sport in my class.

〈the＋最上級＋名詞〉の語順

わたしのクラスでは、サッカーがいちばん人気のあるスポーツです。

比較級・最上級の疑問文

What school event is the most popular in your class?
あなたのクラスでは何の学校行事がいちばん人気がありますか。

Which do you like better, math or science?
あなたは数学と理科では、どちらのほうが好きですか。
※A or Bで「どっち？」とたずねるときはWhatではなくWhichを使います。

> **教える方へ**：4級の筆記においては、正確につづりが書ける必要はありません。変化形のつづりを見て比較級・最上級が判断できることが大事です。

ポイント 「〜よりも…」「〜でいちばん…」の文をマスターしよう

意味が通るように、（　　）の正しい語に○をつけましょう。

(1) Harry is much (taller tallest) than his father.

(2) This is the (longer longest) river in Japan.

(3) Kate can run faster (because than) Ben.

(4) Which hat do you like (good better), this one or that one?

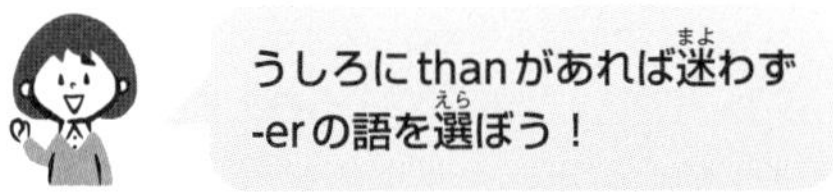

うしろにthanがあれば迷わず
-erの語を選ぼう！

答え

(1) Harry is much taller than his father.
ハリーは彼の父親よりもずっと背が高いです。
※ than があるので -er を選ぶ。much は比較級を強めて「ずっと、はるかに」という意味です。

(2) This is the longest river in Japan.
これは日本でいちばん長い川です。
※ in Japan「日本で」があるので -est を選ぶ。〈the ＋最上級（-est）＋名詞〉の語順。

(3) Kate can run faster than Ben.
ケイトはベンよりも速く走ることができます。 ※ -er があるので than を選ぶ。

(4) Which hat do you like better, this one or that one?
これとあれでは、どちらの帽子のほうが好きですか。
※ Which do you like better, A or B?「A と B ではどちらのほうが好きですか」を決まった表現としておぼえてしまいましょう。2 つの one は hat のことです。

英語を聞こう！& 音読しよう！ 24

Let's TRY

（　　）に入る適切なものを選んで、○をつけましょう。

1

A: How was your weekend, Karen?
B: I（　　　）a good time with my friends in Sydney.

1　has　　2　had　　3　having　　4　to have

2

Peter（　　　）go camping with us because he has a cold.

1　aren't　　2　isn't　　3　don't　　4　won't

3

Masato can use a computer (　　) than his father.

1 good　2 well　3 best　4 better

4

Rika likes (　　) children, so she wants to be a school teacher in the future.

1 teach　2 teaches　3 teaching　4 taught

1. ときかた

A: How was your weekend, Karen?
B: I (　　　) a good time with my friends in Sydney.

1　has　　2　had　　3　having　　4　to have

選択肢にはhaveのいろんな形が並んでいるね。AのHow was ～?「～はどうでしたか」は感想をたずねる表現。wasは過去形で、「週末はどうだった？」と過去の話をしているよ。

(　　)は主語のIのあとの動詞部分で、過去の話だから、haveの過去形hadが正解。

have a good timeは「楽しいときをすごす」という意味。この問題では文中のほかの動詞wasを手がかりにして、過去の話だとわかれば過去形hadが選べるね。

訳：A「週末はどうでしたか、カレン？」
　　B「シドニーで友人たちと楽しいときをすごしました」　　（正解　2）

次のような表現に注目して、いつの話なのかを判断しよう。

過去の話：文中の動詞の過去形、yesterday「昨日」、last month「先月」、two weeks ago「2週間前」など

未来の話：will、be going to、tomorrow「明日」、this Sunday「今度の日曜日」、next week「来週」、in ten minutes「10分後」、soon「まもなく」、later「あとで」など

ふだんの話：文中の動詞の現在形、usually「ふだん、たいてい」、often「よく」、every day「毎日」、every summer「毎年夏に」など

2. ときかた

Peter（　　　）go camping with us because he has a cold.

1 aren't　　2 isn't　　3 don't　　4 won't

これも主語のあとの動詞部分に（　　）があるね。go camping は「キャンプに行く」という意味。この動詞の原形goに注目して、選択肢を1つずつ見ていくよ。

1 aren't → 主語はPeterだから、複数形のareは×
2 isn't → Peterには合うけど、動詞の原形goは続かないから×
3 don't → 主語はPeterだから×　(doesn'tが正しい)
4 won't → will notの短縮形で、あとには動詞の原形が続く →「キャンプに行かないだろう」と意味が通るので、これが正解！

because以下は「彼は風邪をひいているので」という意味で、キャンプに行かない理由になっているね。has a coldは「風邪をひいている」という意味だよ。

訳：「ピーターはわたしたちとキャンプに行かないでしょう。なぜなら、彼は風邪をひいているからです」

（正解　4）

A because Bの意味は「Bだから、Aだ」という意味だけど、「Aだ→（なぜなら）Bだから」と、書かれている順に文を理解する練習をするといいよ。

3. ときかた

Masato can use a computer (　　　) than his father.

1 good　2 well　3 best　4 better

(　　)の前は「マサトはコンピュータを使うことができます」という意味だね。(　　)のあとにthanがあるよ。

thanがあれば迷わず比較級を選ぼう。比較級は形容詞・副詞にerをつけるのが基本形だけど、good/wellは特別で、betterになるの。ここではwell「じょうずに」の比較級betterが正解。「父親よりもじょうずに使える」という意味になるよ。

訳：「マサトは父親よりもじょうずにコンピュータを使うことができます」

1「よい、じょうずな」　2「じょうずに、健康で」

3 good/wellの最上級　4 good/wellの比較級

(正解　4)

比較の文を整理しておこう。

Maki draws pictures well.「マキはじょうずに絵を描きます」

↓ 母親とくらべると？

Maki draws pictures better than her mother.

「マキは母親よりもじょうずに絵を描きます」

↓ 家族内でくらべると？

Maki draws pictures the best in her family.

「マキは家族でいちばんじょうずに絵を描きます」

4. ときかた

Rika likes (　　　) children, so she wants to be a school teacher in the future.

1　teach　　2　teaches　　3　teaching　　4　taught

(　　)はRika likes「リカは～が好きだ」のあとにあるね。選択肢はteach「～を教える」のいろんな形だから、「リカは子どもを教えることが好きだ」という意味だと考えられるね。

動詞（like）のあとに動詞がくるときはどんな形がいいかな？「～することが好きだ」はlike *do*ingとlike to *do*の2つあるけど、to teachは選択肢にないから、teachingが正解！

訳：「リカは子どもを教えることが好きなので、彼女は将来、学校の先生になりたいと思っています」

（正解　3）

英語を聞こう！& 音読しよう！ 25

Reading

筆記 2 会話文の文空所補充

筆記2の出題形式

筆記2は、会話文を読んで、空所に合う文や語句を選ぶ問題です。会話のやりとりは通常、2回（A–B）または3回（A–B–A）です。

●サンプル問題●（A–B–Aのパターン）

Son: The soup was delicious.
Mother: Good.（　　　）
Son: No, I'm full. Thanks.

1　Do you like cooking?　　　2　Where is your cup?
3　Do you want some more?　　4　Are you ready to go?

筆記2は、このような問題が5問あります。目安となる解答時間は4分です。

筆記1でも会話文が出ましたが、それはあくまで単語や熟語の意味を知っているかをためす問題です。筆記2では、選択肢が語句や文になり、会話の流れを理解する必要があります。

上のサンプル問題では、Mother（お母さん）が何か質問して、Son（息子）がNo, I'm full. と答えているね。選択肢が質問の場合、返事に合う内容を考えよう。**返事の部分が（　　）になることもあるよ。**

「質問→返事」のやりとりをしっかりと読めばいいんだね。

〈サンプル問題の訳・答え〉
息子：スープ、すごくおいしかった。
母親：よかった。もっとほしい？
息子：ううん、おなかがいっぱいだよ。ありがとう。
1「あなたは料理が好き？」 2「あなたのカップはどこ？」
3「もっとほしい？」 4「出かける準備はできた？」　　（正解　3）

だれとだれの会話なの？

会話する２人は、男性と女性（Boy–Girl／Man–Woman）、男性［女性］同士（Girl 1–Girl 2など）、親子（Son–Motherなど）、夫婦（Husband–Wife）、兄弟姉妹（Sister–Brotherなど）、生徒と先生（Student–Teacher）などのパターンがあります。

４級では、夫婦、会社員同士、知らない人同士など、大人・社会人の会話もありますが、小学生でもイメージできる場面なので、むずかしくありません。

どんな内容の会話が出るの？

筆記１の会話文と似ていて、好きなもの・ことや、ふだんの行動についてたずねる場面や、お願いする、ものをすすめる、さそう、ほめる、はげますといった場面がよくあります。そのほか、４級の特徴として、過去や未来についての会話がたくさん出てきます。

会話文を読むポイントは？

会話文の主な特徴は、Yeah!、Wow!、Good job!などの感情を表す表現を使ったり、話題にしているものをone、some、thatなどを使って表す点です。話している人がうれしいのか、怒っているのかなど、場面のイメージがプラスなのか、マイナスなのかを意識して読むとよいでしょう。

また、会話では、In ten minutes.やNot today.のように、主語と動詞を省略して、短く表現することがよくあります。たくさんの会話文を読んだり聞いたりしているうちに慣れてくるので、何が省略されているのかとむずかしく考える必要はありません。

会話表現は筆記４のメールやリスニングにもたくさん出てくるから、ここでしっかりとおぼえておくといいよ。

確認(かくにん)しよう!

会話表現(ひょうげん)とその意味を確認しましょう。リスニングの会話で出てくる表現もたくさんあるので、音声を聞いて声に出して読む練習もしましょう。

【質問(しつもん)する】

□**How was your trip to Paris?**	パリへの旅行はどうでしたか。
□**What kind of movies do you like?**	どんな映画(えいが)が好(す)きですか。
□**What do you think of my hat?**	わたしの帽子(ぼうし)をどう思いますか。
□**Which do you like better, cheesecake or strawberry pie?**	チーズケーキとストロベリーパイでは、どちらのほうが好(す)きですか。
□**Do you want something to eat?**	何か食べるものがほしいですか。
□**Why?**	どうしてですか。
□**Why not?**	(否定文(ひていぶん)に対して) どうしてですか。

・Do you want something to eat?「何か食べるものがほしいですか」のsomething to eatは「食べるための何か」という意味ですが、4級ではこの文法(ぶんぽう)が問われることはあまりないので、会話表現としておぼえてしまいましょう。

・Why not?は否定文を受けて、「どうして(~ないの)?」という意味になります。
I didn't go skiing. — Why not?
スキーに行かなかったんだ。— どうして(行かなかったの)?

【お願(ねが)いする・さそうなど】

□**Can you open the window?**	窓(まど)を開けてもらえますか。
□**Could you carry my bag?**	バッグを運んでいただけませんか。
□**Can I try it on?**	それを試着(しちゃく)してもいいですか。
□**May I ask you a question?**	質問をしてもよろしいでしょうか。
□**Could I have your name?**	お名前をうかがってもよろしいでしょうか。
□**Do you want some?**	いくらかほしいですか。

□Would you like one, too?	あなたも1ついかがですか。
— □Yes, please.	はい、お願いします。
— □No, thanks.	いいえ、けっこうです。
□Would you like coffee or tea?	コーヒーか紅茶はいかがですか。
□What would you like for lunch?	昼食には何を食べたいですか。
□Can we go hiking tomorrow?	明日、ハイキングに行きませんか。
□Do you want to come?	来たいですか［来ませんか］。
□Let's go shopping.	買い物に行きましょう。
□Shall we go for a walk?	散歩に行きませんか。
□Shall I open the door?	（わたしが）ドアを開けましょうか。

・Would you like ～?「～はいかがですか」はDo you want ～?のていねいな表現です。

・Shall we ～?は「（いっしょに）～しませんか」とさそう表現、Shall I ～?は「（わたしが）～しましょうか」という意味です。

【返事する】

□Just[Wait] a minute.	少し待ってください。
□Just[Wait] a moment.	少し待ってください。
□Good idea.	いい考えですね。
□It looks difficult.	それはむずかしそうですね。
□That sounds fun.	それは楽しそうですね。
□That's a lot.	それは多いですね。
□That's all.	〈会計のときなど〉それで全部です。
□That's too bad.	それはかわいそう［気の毒］に。
□Twice a week.	1週間に2回です。
□In ten minutes.	10分後に。
□I'd like some cold water.	冷たい水がほしいです。
□It's time for the meeting.	会議の時間です。
□I must go now.	もう行かないと。
□I'm happy to see you.	あなたに会えてうれしいです。

□**Say hello to your dad.** お父さんによろしく。

□**Let me see.** ええと。

□**My pleasure.** どういたしまして。

□**Welcome back.** お帰り。

□**Good job!** よくできました！

□**Great job!** すごくよくできました！

□**Well done!** よくできました！

□**Good luck.** がんばってね。

□**Wow!** すごい！

□**Don't worry.** 心配しないで。

□**Thank you for coming.** 来てくれてありがとう。

・lookは「～に見える」、soundは「～に聞こえる」という意味です。

・I'd[I would] like ～「～がほしい」はI want ～のていねいな表現です。

・I'm happy to see you.のto seeは「見ること」でも「見るために」でもなく、〈感情を表す形容詞＋to＋動詞の原形〉で「～して…」という意味になります。4級ではこの文法が問われることはあまりないので、I'm happy[glad、sorryなど] to ～という会話表現としておぼえてしまいましょう。

・Thank you for coming.について、forのような前置詞のあとの動詞はing形になるという決まりがあります。4級ではこの文法が問われることはあまりないので、Thank you for *do*ing.「～してくれてありがとう」という会話表現としておぼえてしまいましょう。

【問題点を話す】

can't「～できない」や、lose「～をなくす」、difficult「むずかしい」、too「あまりに～、～すぎる」のようなマイナスイメージの語を使って問題点を話すパターンがよくあります。リスニングでも重要なポイントになるので、いくつか例を見ておきましょう。

□**I can't find my tennis racket.** テニスのラケットが見つかりません。

□**I can't take you to the soccer practice today.** 今日はあなたをサッカーの練習に連れていけません。

□You don't look well.	具合が悪そうですね。
□I lost my key.	かぎをなくしました。
□Today's test was difficult.	今日のテストはむずかしかったです。
□This is too small for me.	これはわたしには小さすぎます。
□It's too far.	それは遠すぎます。
□I ate too much ice cream.	アイスクリームを食べすぎました。

英語を聞こう！& 音読しよう！ 26～29

ポイント 会話のやりとりを完成させよう

線でむすんで、会話を完成させましょう。同じものは2回以上選べません。

(1)	I can't meet you tomorrow. ·	· It was a lot of fun.
(2)	How was the party? ·	· Why not?
(3)	Can we go to the park, Dad? ·	· In ten minutes.
(4)	Would you like some tea? ·	· Not right now.
(5)	How long did you stay in Kobe? ·	· Yes, please.
(6)	When will he come back? ·	· For three days.

答え

(1) I can't meet you tomorrow. — Why not?
明日、わたしはあなたに会えません。— どうしてですか。

(2) How was the party? — It was a lot of fun.
パーティーはどうでしたか。— とても楽しかったです。 ※ It は the party のこと。

(3) Can we go to the park, Dad? — Not right now.
公園に行ける、お父さん？ — 今すぐはダメだよ。
※返事の right now は「今すぐ」という意味で、Not right now. で「今すぐには公園に行けない」(We can't go to the park right now.) ということ。

(4) Would you like some tea? — Yes, please.
紅茶はいかがですか。— はい、お願いします。

(5) How long did you stay in Kobe? — For three days.
あなたは神戸にはどれくらいの間滞在しましたか。— 3 日間です。

(6) When will he come back? — In ten minutes.
彼はいつ戻りますか。— 10 分後に。

(6)は willがあるから未来のことを聞いているよ。返事のIn ten minutes. のin「(今から) ～後に」も未来のことをいうときに使うよ。

主語と動詞が省略された返事が多いのも確認しておこう！

英語を聞こう！& 音読しよう！ 30

Let's TRY

(　　) に入る適切なものを選んで、○をつけましょう。

1

Girl 1: I went to the flower festival last weekend.
Girl 2: (　　　)
Girl 1: It was great. I liked the Japanese garden.

1　How did you get there?　　2　How much is it?
3　What did you buy?　　4　How was it?

2

Father: Are you going to soccer practice?
Son: (　　　) The coach has a cold.

1　I need some.　　2　By bus.
3　Not today.　　4　Near the station.

3

Woman: You don't look well. Are you OK?
Man: (　　　)
Woman: You can go home early today.

1　I didn't sleep well last night.　　2　The train was late.
3　I can't find my smartphone.　　4　I feel better now.

1. ときかた

Girl 1: I went to the flower festival last weekend.
Girl 2: (　　　)
Girl 1: It was great. I liked the Japanese garden.

1　How did you get there?　　　2　How much is it?
3　What did you buy?　　　　　4　How was it?

went、last weekend、was、likedから、過去の話だとわかるね。Girl 1が先週末に花祭りに行ったと言って、それに対してGirl 2が何か質問しているよ。

(　　)に疑問文が入るときはその返事の内容が大事。Girl 1がIt was great.「それはすごくよかった」と答えているから、感想をたずねる4のHow was it?「それはどうだった？」が合うね。このitと返事のItはどちらもthe flower festival「花祭り」のこと。続くI liked ...では、何がよかったかをくわしく話しているよ。

1のHow did you get there?は交通手段をたずねる表現。thereを花祭り会場と考えると(　　)に入りそうだけど、返事のIt was great.と合わないよ。

訳：女の子1：「先週末、花祭りに行ったの」
　　女の子2：「どうだった？」
　　女の子1：「すごくよかったよ。日本庭園が気に入ったわ」
　　1「どうやってそこに行きましたか」 2「それはいくらですか」
　　3「何を買いましたか」 4「それはどうでしたか」　　　　(正解　4)

(　)に質問が入るときは、その返事と合うかどうかが大事なんだね。

2. ときかた

Father: Are you going to soccer practice?
Son: (　　　) The coach has a cold.

1 I need some.　　2 By bus.
3 Not today.　　4 Near the station.

親子の会話だよ。子どもはson「息子」とdaughter「娘」という語が使われるから知っておこう。

お父さんのAre you going to soccer practice?は、go to ～「～に行く」の進行形で、「(今から、このあと) サッカーの練習に行くの?」という意味。「行く? 行かない?」と想像しながら選択肢を見ていこう。Not today.で「今日はサッカーの練習に行かない」(I'm not going to soccer practice today.) という意味になるので、正解は3だよ。

(　　) の前だけ見て答えを選べても、かならず (　　) のうしろの文とも合うかを確かめよう。The coach has a cold.「コーチが風邪をひいている」から「コーチが来れない=サッカーの練習はない」と考えると、これが今日サッカーの練習に行かない理由になっているとわかるね。

訳:父親:「サッカーの練習に行くのかい?」
　息子:「今日は行かないよ。コーチが風邪をひいているんだ」
　1「ぼくはいくつか必要だ」 2「バスで」 3「今日は行かない」 4「駅の近くで」
(正解　3)

3. ときかた

Woman: You don't look well. Are you OK?
Man: (　　　)
Woman: You can go home early today.

1　I didn't sleep well last night.　2　The train was late.
3　I can't find my smartphone.　4　I feel better now.

職場での会社員同士の会話だよ。女性は具合が悪そうな男性を心配している様子だね。don't look wellは「具合が悪そうに見える」という意味だから、場面はマイナスのイメージ。

Are you OK?「だいじょうぶですか」に対する男性の返事が（　　）になっていて、そのあとで女性が「今日は早く家に帰っていいですよ」と言っているから、具合が悪い理由を話している1の「昨夜、よく眠れなかった」が合うね。

2と3もAre you OK?の返事として合いそうだけど、そのあとの女性が早退をすすめる流れに合わないよ。会話の前だけでなくうしろに合うかどうかもしっかりと考えよう。

訳：女性：「具合が悪そうですね。だいじょうぶですか」
　男性：「昨夜、よく眠れなかったんです」
　女性：「今日は早く帰宅していいですよ」
　1「昨夜、よく眠れなかったんです」 2「列車が遅れました」
　3「スマートフォンが見つかりません」 4「もう気分はよくなりました」

（正解　1）

英語を聞こう！＆ 音読しよう！ 31

Reading

筆記 3　日本文付き短文の語句整序

筆記3の出題形式

筆記3は、日本文を読んで、(　　)の中の語句を並べかえて、英文を完成させる問題です。

●サンプル問題●

リサは庭で犬と遊んでいました。

(① playing　② was　③ in　④ her dog　⑤ with)

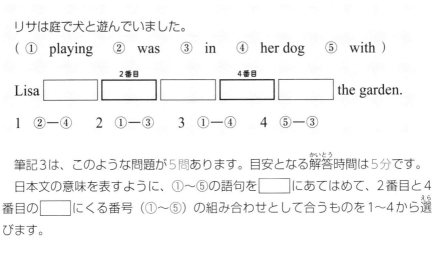

Lisa ［　　］ ［　　］(2番目) ［　　］ ［　　］(4番目) ［　　］ the garden.

1 ②—④　2 ①—③　3 ①—④　4 ⑤—③

筆記3は、このような問題が5問あります。目安となる解答時間は5分です。

日本文の意味を表すように、①～⑤の語句を［　　］にあてはめて、2番目と4番目の［　　］にくる番号（①～⑤）の組み合わせとして合うものを1～4から選びます。

並べかえ問題は5級にもあったね。どこがちがうんだろう？

5級は［　　］が4つだったけど、4級では5つに増えているよ。この問題形式がはじめての人は、次の手順でといて、慣れておこう。

1. 日本文をサッと読んで、大まかな意味をとらえる。
2. ［　　］の前後にある語句に注意しながら、文の意味が通るように（　　）内の語句を［　　］に入れていく。このとき、番号（①～⑤）ではなく、英語を書き入れる。
3. できあがった英文が日本文の意味に合っているかを確認する。
4. 2番目と4番目の番号（①～⑤）を見て、その組み合わせを選択肢（1～4）からさがす。
5. 正しい選択肢（1～4）を解答用紙にマークする。

どんな対策をしたらいいの?

筆記3では、文法、熟語、会話表現の知識が問われますが、単語は与えられているので、筆記1のように動詞の形で悩むことはありません。並べかえ問題では、英語の語順が正しく理解できているかが最大のカギです。特に疑問文の語順をしっかりとおさえましょう。

並べかえのポイントは?

問題の指示文に「日本文の意味を表すように」とあります。まず、日本文を読んでから英文をつくりはじめましょう。ただし、日本文をカタマリごとに分けても、日本語と英語では語順がちがうので、うまく英語に置きかえられない場合があります。あくまで日本文は大まかな意味をとらえる程度にサッと読むことがポイントです。

英文の並べかえのポイントは、語句のカタマリをつくることです。たとえば、英文は〈主語＋動詞〉ではじまるのが基本なので、まずは〈主語＋動詞〉のカタマリを考えます。前ページのサンプル問題では、文のはじめに主語のLisaがあります。こういう場合は、まず、Lisaのうしろにくる動詞はなにかな? と考えます。ここではwas playing「遊んでいた」になります。

また、文の最後にあるthe gardenにも注目します。日本文の「庭で」にあたるin the gardenのカタマリをつくることができます。

最後に、日本文の「犬と」にあたるwith her dogというカタマリをつくり、was playing with her dog inとつなげたら完成です。

〈サンプル問題の訳・答え〉 Lisa was playing with her dog in the garden.

②①⑤④③ (正解 3)

①日本語と英語のちがいに慣れよう

筆記3をとくつもりで、先に日本文を読んでから英文を見てください。

田中先生、放課後に体育館を使ってもいいですか。 Mr. Tanaka, can we use the gym after school?

日本文には「～は、～が」の主語がありませんね。でも、英語は主語が必要です。日本文に主語がない場合、語群（問題の①～⑤の語句）の中から主語を決めましょう。

次は、主語のない英文です。

あなたの電話番号を教えてください。 Please tell me your phone number.

meに注目しましょう。この英文を直訳する（1語ずつ日本語で表す）と、「あなたの電話番号をわたしに教えてください」ですが、「わたしに」が日本文にないですね。ここでは、tell A B「AにBを教える」という表現を知っている必要があります。この形になる動詞はほかにgiveやsendがあります。p.70の文法を復習しておきましょう。

次の文はどうでしょうか。

英語のメニューを見せていただけませんか。 May I see the English menu?

日本文は「～していただけませんか」なので、Could you show me the English menu?「英語のメニューを（わたしに）見せていただけませんか」かな？と思うかもしれませんが、語群にcouldもyouもなくて、mayとIがある場合はMay I ～?の文になります。May I ～?は「～してもいいですか」だけでなく、「～していただけませんか」とお願いする表現にもなります。

ポイント 日本文を読んで大まかな意味をとらえよう

日本文の意味を表すように、(　　) 内の語を□に書き入れよう。

(1) サッカーの練習をやめましょう。

(soccer practicing stop)

Let's □ □ □.

(2) 博物館(はくぶつかん)への道を教えていただけませんか。

(me you tell)

Could □ □ □ the way to the museum?

(2)はmeの使い方がポイントだよ。

答え

(1) Let's stop practicing soccer.　※ stop のあとは動詞の -ing 形

(2) Could you tell me the way to the museum?
※ tell AB「A に B を教える」、the way to ～「～への道［行き方］」

(1)は、stop *do*ingで「～するのをやめる」という意味ですが、日本文は「練習することをやめましょう」ではありません。「練習をやめましょう」からstop *do*ingのカタマリをつくることがポイントです。

教える方へ：実際の試験では英語を書くのではなく記号を選びますが、問題を解く際に問題用紙に英語を書き込むことで完成した文が自分で読めるので、練習のときも英語を書くことをおすすめします。書く作業は3級からはじまる英作文問題の対策にもつながります。

②語句のカタマリをつくる

単語を並べかえるとき、語句のカタマリに気づくことがポイントになります。in the garden「庭で」やby bus「バスで」などの〈前置詞＋名詞〉のカタマリや、a glass of ～「コップ1杯の～」などの熟語のカタマリがあります。

ポイント　語句のカタマリをつくろう

日本文の意味を表すように、(　　) 内の語を□に書き入れよう。

(1) マイクと英語で話す

(Mike in with)

talk □ □ □ English

「～と話す」というカタマリ　「英語で」というカタマリ

(2) 毎朝牛乳を1杯飲む

(glass a milk of)

drink □ □ □ □ every morning

「牛乳を1杯」→「コップ1杯の牛乳」

(3) わたしたちの教室には、壁にポスターが2枚あります。

(on two has posters)

Our classroom □ □ □ □ the wall.

「2枚のポスター」　「壁に」

(4) リアムは7時に家を出て学校へ向かいました。

(for home school left)

Liam □ □ □ □ at seven.

「家を出た」　「学校へ向かって」　「7時に」

答え

(1) talk with Mike in English

(2) drink a glass of milk every morning
※日本文には「コップ」という表現がありませんが、語群を見て、a glass of という熟語のカタマリをつくります。

(3) Our classroom has two posters on the wall.
※「あります」には動詞の has、「壁に」には on を使います。

(4) Liam left home for school at seven.

③文法の語順 1 have to ～とbe going to ～

すでに学んだ文法のうち、筆記3で出やすいものを復習していきます。1語1語の形ではなく、語順を意識して取り組みましょう。

◆ have to *do*「～しなければならない」

日本文が「～しなければならない」なら、語群にhaveとtoをさがしましょう。have toのあとに動詞の原形が続くことがポイントです。

You have to read this book.　あなたはこの本を読まなければなりません。
Kate has to read this book.　ケイトはこの本を読まなければなりません。

[過去の文]

I had to read this book.　わたしはこの本を読まなければなりませんでした。

[疑問文]

Do I have to read this book?　わたしはこの本を読まなければなりませんか。

[否定文] ～しなくてもよい、～する必要はない

You don't have to read this book.　あなたはこの本を読まなくてもよいです。

◆ be going to *do*「～する予定です、～するつもりです」

be going to *do* は疑問文でよく出題されます。日本文は、「～する予定ですか」のこともあれば、「～しますか」のこともあります。未来や予定の話で、語群にgoingがあれば、be going to *do* の文ではないかと考えて、英文を組み立ててみましょう。going toのあとには動詞の原形が続くことがポイントです。

When are you going to see the movie?　あなたはいつその映画を見る予定ですか。

Who is going to cook dinner today?　今日はだれが夕食を作りますか。
└Whoが主語の疑問文

ポイント　toのあとは動詞の原形

日本文の意味を表すように、（　　）内の語を［　　］に書き入れよう。

(1)　わたしたちは何時に戻ってこなければなりませんか。
（　have　come　to　）
What time do we ［　　］［　　］［　　］ back?

(2)　ジャックは図書館で勉強する予定です。
（　study　to　going　）
Jack is ［　　］［　　］［　　］ at the library.

have toとgoing toのあとは動詞の原形がくるよ。

答え

(1)　What time do we have to come back?

(2)　Jack is going to study at the library. ※〈to＋動詞の原形〉をセットで考える

④文法の語順 2 動名詞とto不定詞

動名詞（動詞のing形）とto不定詞（to＋動詞の原形）で出やすい文を見てみましょう。

◆ 動詞のing形「～すること」

I finished cleaning the kitchen.　わたしは台所のそうじを終えました。

Let's practice singing after school.　放課後、歌う練習をしましょう。

Eating vegetables is good for your health.　野菜を食べることは健康によいです。

└動詞の -ing形が主語の文

◆ to＋動詞の原形「～すること」

Nova likes to play basketball.　ノバはバスケットボールをするのが好きです。

My dream is to be a dancer.　わたしの夢はダンサーになることです。

└isのあとに〈to＋動詞の原形〉がくる文

◆ to＋動詞の原形「～するために」

I bought some eggs to make a cake.

わたしはケーキを作るためにたまごを何個か買いました。

ポイント「～するために」は〈to＋動詞の原形〉

日本文の意味を表すように、（　　）内の語を□に書き入れよう。

フィンは、テレビを見るために家に早く帰りました。

（ TV　watch　to ）

Finn went home early □ □ □.

答え

Finn went home early to watch TV.　※〈to＋動詞の原形〉をセットで考える

⑤文法の語順 3 接続詞

when「～のとき」やbefore「～する前に」などの接続詞は文と文をつなぎます。〈接続詞＋主語＋動詞〉の語順に注意して語句を並べましょう。

Wendy walks her dog before she makes breakfast.
（文）接続詞（文）
ウェンディは朝食を作る前に犬の散歩をします。

beforeのあとのsheはWendyのことだね。

Sasha was sleeping when we got home.
わたしたちが家に帰ったとき、サーシャは眠っていました。

Kevin couldn't go on a picnic because it was raining yesterday.
昨日は雨が降っていたので、ケビンはピクニックに行くことができませんでした。

was *doing*「～していました」をふくむ文もよく出るよ。

ポイント 〈接続詞＋主語＋動詞〉のカタマリをつくろう

日本文の意味を表すように、（　　）内の語を□に書き入れよう。

わたしがリサを見かけたとき、彼女はジョギングをしていました。
（ when　jogging　I ）

Lisa was □ □ □ saw her.
└Lisaのこと

答え

Lisa was jogging when I saw her.　※〈when ＋主語＋動詞〉の語順

⑥文法の語順 4 比較表現

Today's practice was harder than yesterday's practice.
今日の練習は昨日の練習よりも厳しかったです。

Your picture is more beautiful than mine.　※mine＝my pictureのこと
あなたの絵はわたしのより美しいです。

Tim is the fastest runner in my class.
ティムはわたしのクラスでいちばん足が速いです。

3つめの文は、〈the＋最上級＋名詞〉の語順がポイントです。「～でいちばん…」の文では、このfastest runnerのように、形容詞のあとに名詞がくる場合があります。

また、fastest runnerは直訳すると、「いちばん速い走る人」のようになりますが、筆記3の日本文では、「いちばん足が速い」のように自然な日本語が使われるので、日本文を英語に置きかえる必要があります。

ポイント　〈the＋最上級＋名詞〉のカタマリをつくろう

日本文の意味を表すように、(　　) 内の語を［　　］に書き入れよう。

アダムはわたしのクラスでいちばん背が高い男の子です。
(　in　boy　tallest　)

Adam is the ［　　］［　　］［　　］ my class.

文の最後のmy classにも注目しよう。in my class
「わたしのクラスで」というカタマリができるね。

答え

Adam is the tallest boy in my class.

Let's TRY

①〜⑤の語句を並べかえて、[　　]に書き入れましょう。そして、2番目と4番目にくるものの番号の組み合わせとして適切なものを、選択肢の1〜4から選んで、○をつけましょう。文のはじめにくる語も小文字になっています。

1

わたしの兄は卓球が得意ではありません。

(① not　② playing　③ good　④ is　⑤ at)

My brother [　　] [2番目] [　　] [4番目] [　　] table tennis.

1 ③—⑤　2 ①—③　3 ⑤—④　4 ①—⑤

2

バンドでいちばん歌がじょうずなのはだれですか。

(① in　② who　③ the best　④ singer　⑤ is)

[　　] [2番目] [　　] [4番目] [　　] the band?

1 ⑤—④　2 ①—③　3 ③—④　4 ⑤—③

3

パンをもう少しいかがですか。

(① like　② would　③ more　④ you　⑤ some)

[　　] [2番目] [　　] [4番目] [　　] bread?

1 ②—⑤　2 ④—③　3 ④—⑤　4 ⑤—①

郵 便 は が き

料金受取人払郵便

麹町局
承認
1441

差出有効期間
2025年9月
30日まで
（切手不要）

1 0 2-8 7 9 0

東京都千代田区 2 2 5
麹町3丁目4番
トラスティ麹町ビル2F

㈱スリーエーネットワーク
愛読者カード係 行

ふりがな		男・女
お名前		年 齢 歳
ご住所	〒 E-mail	
ご職業	勤務先 学校名 (専攻など)	

スリーエーネットワーク sales@3anet.co.jp https://www.3anet.co.jp/

お買い上げいただき、ありがとうございます。このアンケートは、より良い商品企画のための参考と致しますので、ぜひご協力下さい。ご感想などは広告・宣伝に使用する場合がありますが、個人情報は無断で第三者に提供することはありません。

アンケート

お買い上げになった本のタイトルは？（必須項目）

● **ご購入書店名**

＿＿＿＿＿＿市・区 町・村 ＿＿＿＿＿＿書店 ＿＿＿＿＿＿支店

● **本書をどのようにして知りましたか？**

□書店で実物を見て
□新聞・雑誌などの出版物で見て→出版物名＿＿＿＿＿＿
□知人のすすめ　□当社からの案内
□当社からのメールマガジン　□当社ホームページ
□当社以外のホームページ→ホームページ名＿＿＿＿＿＿
□ネット書店で検索→ネット書店名＿＿＿＿＿＿
□その他＿＿＿＿＿＿

● **本書のご感想、出版物へのご要望などをお聞かせ下さい**

価　格：□安い（満足）　□相応（まあまあ）　□高い（不満）
カバーデザイン：□良い（目立った）　□普通　□悪い（目立たなかった）
タイトル：□良い（内容がわかりやすい）　□普通　□悪い（内容がわかりにくい）
内　容：□非常に満足　□満足　□普通　□不満　□非常に不満
分　量：□少ない（薄すぎる）□ちょうどいい　□多い（ボリュームがある）

自由にご記入下さい

● **当社の出版物の案内の送付を希望されますか？**

□希望する　□希望しない

ご協力ありがとうございました

1. ときかた

わたしの兄は卓球が得意ではありません。

(① not　② playing　③ good　④ is　⑤ at)

My brother [　] [2番目] [　] [4番目] [　] table tennis.

1 ③—⑤　2 ①—③　3 ⑤—④　4 ①—⑤

日本文をサッと読もう。主語は「わたしの兄は」で、英文のはじめにMy brotherがあるね。

まず、〈主語＋動詞〉のカタマリをつくるよ。My brotherが主語だから、1つめの[　]には動詞のisが入るよ。否定文だからisのあとにnotを入れよう。

次に、日本文の「～が得意」に注目しよう。語群にgoodとatがあるから、be good at ～「～が得意だ」の文だとわかるね。is not good at table tennis「卓球が得意ではない」と並べても日本文に合うけど、語群のplayingを使わないといけない。be good at *do*ingで「～することが得意」となるので、is not good at playing table tennisとすれば完成！

日本文では「～すること」と書かれていないから注意してね。

完成文：My brother is not good at playing table tennis.　④①③⑤②　（正解　4）

isとplayingがあるからis playing「卓球をしている」と並べてしまった人はいないかな？ 日本文をしっかりと読んでから英語を考えようね。

2. ときかた

バンドでいちばん歌がじょうずなのはだれですか。

（ ① in　② who　③ the best　④ singer　⑤ is ）

□　□（2番目）　□　□（4番目）　□ the band?

1 ⑤—④　2 ①—③　3 ③—④　4 ⑤—③

日本文をサッと読むと、「だれですか」という文で、英文の最後に「?」があるから疑問文だとわかるね。Who「だれ」ではじめよう。

この問題は、「いちばん歌がじょうず」をどう表すかがポイント。語群にあるbestはgood「じょうずな」の最上級で「いちばんじょうずな」という意味。このあとにsinger「歌う人」を続けて、the best singerというカタマリをつくったら、Who is the best singerという表現ができるね。これにin the band「バンドで」をつなげたら完成！

日本文に「バンドで」とあるから、in the bandというカタマリを先につくってもいいね。

③のthe bestのように、1つの語群に単語が2つある場合があるよ。1つの□に2語入るから、書き入れるときに注意しよう。

完成文：Who is the best singer in the band?　②⑤③④①　（正解　1）

the best singerは直訳すると「いちばんじょうずな歌う人」だけど、日本文は「いちばん歌がじょうずな」となっている点も確認しよう。

3. ときかた

パンをもう少しいかがですか。

(① like ② would ③ more ④ you ⑤ some)

	2番目		4番目		
					bread?

1 ②—⑤ 2 ④—③ 3 ④—⑤ 4 ⑤—①

Would you like ～?「～はいかがですか」という表現を知っていれば、はじめの3つの□はうめることができるね。

残(のこ)りはmoreとsomeで、これを最後のbreadにどうやってつなげるかがポイント。日本文の「パンをもう少し」の部分はsome more breadと表せるよ。someは「いくらかの、いくつかの」、moreはmany「多くの」の比較級(ひかくきゅう)なんだけど、〈some more＋名詞〉「もう少し多くの～、～をもう少し」というカタマリでおぼえておくといいよ。

完成文：Would you like some more bread? ②④①⑤③ （正解 3）

筆記3で出やすい会話表現をまとめておこう。

Can I ～?「～してもよいですか」

Could you ～?「～していただけますか」

Would you like ～?「～はいかがですか」

What do you think of ～?「あなたは～をどう思いますか」

What kind of ～?「どんな（種類(しゅるい)の）～」

英語を聞こう！＆ 音読しよう！ 32

ちょっとひと休み♪

Reading

筆記 4 長文の内容一致選択

筆記4の出題形式

筆記4は、英文を読んで、質問に対する最も適切な答えを4つの選択肢から選ぶ形式です。文を完成させるパターンもあります。英文は次の3種類が出題されます。

4A	掲示・案内	⇒ 2問	10問
4B	Eメール・手紙文	⇒ 3問	
4C	説明文（ストーリー）	⇒ 5問	

●サンプル問題（英文は省略）●

パターン1

What will club members do in the morning?

1 Play tennis.
2 Watch sports games.
3 Go swimming.
4 Play tennis with another club.

「午前中に何をしますか？」に対して、「～する」の選択肢が4つある

パターン2

In the morning, club members will

1 play tennis.
2 watch sports games.
3 go swimming.
4 play tennis with another club.

文が途中で切れている
⇒続きとして合うものを選ぶ

サンプル問題（パターン2）の訳はp.125にあります。

筆記4にはこのような問題が全部で10問あり、目安となる解答時間は15分です。（残りの3分は見なおしに使いましょう。）

英文を読んで、さらに問題をとくのかぁ。しかも3つもあるの?! ぼく、読むのがおそいんだよね…

4級は3つとも日常生活にありがちな場面・出来事だから、小学生でも読みやすい内容になっているよ。4Bのメールと4Cのストーリーは英文が長く見えるけど、段落ごとに読んでいけばそんなに長く感じないよ。

英文を読むポイントは?

4Aの掲示と4Bのメールでは、タイトルや書かれた目的などを読み取ることがポイントです。このあと、どこにどんな情報が書かれているか、文章の特徴を確認してからときかたを学びます。また、4Bのメールと4Cのストーリーでは、「いつ」「だれが」「どこで」「だれと」「何をした」などをイメージしながら読むことがポイントです。

知らない単語があっても気にせず読み進めることもポイントの1つです。本文中に＊マークがついている単語は英文の下に意味がのっていますので、参考にしましょう。

問題をとくポイントは?

読解問題をとくポイントは、質問の答えが書かれているところを本文中からすばやく見つけることです。ふだん読書をするときはそんな読みかたをしないですよね。だから、問題をたくさんといて、文中から答えをさがし出す練習をしましょう。また、問題は本文に書かれた順番に並んでいます。4級は質問・選択肢と同じ表現が文中から見つかりやすいので、問題と本文の内容をむすぶ練習をすればあまりむずかしくありません。

4A：掲示

筆記4Aは掲示・案内の問題です。学校や図書館やお店の掲示板にはってあるお知らせやポスターをイメージしましょう。内容は、キャンプやコンサートといったイベントのお知らせが多く、ほかに迷子のペットや商品を宣伝する掲示などもあります。

掲示ではどこにどんな情報が書かれているのか、次の例を見てみましょう。ある音楽学校での夏の特別ギターレッスンの案内です。

タイトル イベント名や「○○のみなさんへ」など

Guitar Lessons for Summer

導入 内容を一言で：お知らせの目的 **重要**

There will be special guitar lessons this summer.

When: July 17 to July 28
Where: Silvania Music School

基本情報 「いつ」「どこで」など

In the lesson, you can ...　（略）

くわしい情報 イベントでできることなど

For more information, call me at 555-2468.

Jack Roberts

問い合わせなど 最後に問い合わせ先や参加方法などが書かれていることもある

4Aの掲示には問題が2問あります。「いつ」「どこで」「何が行われる」のか、会場までの行き方や申し込み・問い合わせの方法などの情報を読み取る問題がよく出ます。

基本情報

基本情報はたいてい掲示の真ん中のほうにあり、次のような項目があります。

「いつ？」…………When「いつ」、Date(s)「○月○日」、Time「時間」
「どこで？」………Where「どこで」、Place「場所」
「いくら？」………Cost「費用（参加費など）」、Tickets「チケット（料金）」
そのほか、Prize(s)「賞品」など

箇条書きではなく、文章だけのパターンもあります。（⇒p.176の練習問題参照）

問い合わせなど

左ページの掲示の終わりにあるFor more information, ...は「くわしい情報を知りたい人は…」という意味です。ほかに、次のような表現がよく出ます。

For questions, talk to the P.E. teacher, Ms. Harrison.
質問がある人は、体育のハリソン先生と話してください。

To join the event, send an e-mail to Jack Roberts.
register@silvaniams.com
イベントに参加するには、ジャック・ロバーツにメールを送ってください。

To join ～「～に参加するには」、To go to ～「～へ行くには」など、文のはじめのTo *do*は「～するために(は)」という意味になることが多いです。

左ページの掲示の最後のほうにあるcall me「わたしに電話してください」のmeはその下のJack Robertsさんのことですが、この部分の情報にふくまれる電話番号やメールアドレスは読まなくてよいです。

左ページの掲示の訳

夏のギターレッスン

この夏、特別なギターレッスンがあります。
いつ：7月17日～7月28日
どこで：シルバニア音楽学校
レッスンでは、…することができます。（略）
くわしい情報は、わたし（555-2468）までお電話ください。
ジャック・ロバーツ

ポイント 「いつ」「どこで」の情報をさがそう

「いつ？」「どこで？」の基本情報をさがす練習をします。次の英文は、全校生徒にむけたコンサートの案内です。下の⑴〜⑶のタスクをやってみましょう。

> ***To ALL Students***
>
> Our school band will have a concert after school this week.
>
> **Date:** Friday, July 20
> **Time:** 4 p.m. to 5 p.m.
> **Place:** School gym
>
> The band won the contest in June! They will also play in September in the city music hall.

⑴ 「○月」を表す語を○でかこみましょう。3つあります。

⑵ スクールバンドが演奏する「場所」を表す語句を□でかこみましょう。2つあります。

⑶ 次の質問を読んで、その情報が書かれた部分にマーカーをひきましょう。
① 7月20日のコンサートはどこで行われるの？
② コンテストは何月にあった？

スクールバンドのコンサートについての案内だね。下の2行の部分でバンドについてくわしく書かれているよ。

コンサートとコンテストの話があるから注意しよう。

答え

To ALL Students

Our school band will have a concert after school this week.

Date: Friday, July 20
Time: 4 p.m. to 5 p.m.
Place: School gym

└(3)①のマーカー　┌(3)②のマーカー

The band won the contest in June! They will also play in September in the city music hall.

このように、「何月？」「いつ？」などの質問に対して、文中には「○月」や「場所」を表す語句がいくつかあるの。そのいくつかある情報の中から、答えをすばやくさがすのよ。

複数（ふくすう）の情報についての問題には次のようなものもあります。次の英文はお祭りのお知らせの一部です。

Dates: July 20 to July 24
Tickets: $10 (Children are free!)
Foods are $5 each. Drinks are $2 each.

DatesのA to Bは「AからBまで」だから、最終日はJuly 24だね。

①：When does the festival end?
お祭りはいつ終わりますか。⇒答え：On July 24.

②：How much is a drink?
飲み物はいくらですか。⇒答え：$2.

訳（やく）
日程：7月20日～7月24日
チケット：10ドル（子どもは無料（むりょう）！）
食べ物はそれぞれ5ドルです。飲み物はそれぞれ2ドルです。

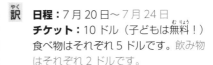

ポイント 質問からキーワードを拾って本文から同じ語句をさがそう

次の掲示を読んで、その内容に関する下の質問(1)(2)に対して最も適切なものを1～3から選びましょう。

To All Students

Our school band will have a concert after school this week.

Date: Friday, July 20
Time: 4 p.m. to 5 p.m.
Place: School gym

The band won the contest in June! They will also play in September in the city music hall.

(1) Where will the school band play on July 20?
1 In the school gym.
2 In the music hall.
3 In the city park.

(1)の質問はJuly 20がキーワード。本文からJuly 20の情報をさがそう。

(2) When did the school band win the contest?
1 In June.
2 In July.
3 In September.

(2)の質問はwin the contestがキーワードだよ。

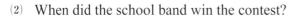

答え

(1) 1

スクールバンドは7月20日にどこで演奏(えんそう)しますか。

1 学校の体育館で。　2 音楽堂(どう)で。　3 市の公園で。

(2) 1

スクールバンドはいつコンテストに優勝(ゆうしょう)しましたか。

1 6月。　2 7月。　3 9月。

※7月は学校でコンサートをする月、9月は音楽堂で演奏する月で、どちらも未来(みらい)のこと。

To All Students

Our school band will have a concert after school this week.

Date: Friday, July 20

Time: 4 p.m. to 5 p.m.

Place: School gym

(1) July 20 の「どこで？」の情報はココ！

won は質問の win「～に勝つ」の過去形(かこけい)

The band won the contest in June! They will also play in September in the city music hall.

いつ優勝したかの情報はココ！

全文訳(やく)　全校生徒のみなさんへ

当校のスクールバンドが、今週放課後(ほうかご)に、コンサートをします。

日にち：7月20日金曜日

時間：午後4時～午後5時

場所：学校の体育館

このバンドは6月のコンテストで優勝しました！ 彼(かれ)らは、9月に市の音楽堂でも演奏する予定です。

教える方へ：英文を読むとき、「9月に音楽堂で演奏する」のように、日本語で考えてもよいのですが、質問と選択肢は英語なので、「September に music hall で演奏する」のように、一部の表現は英語のまま理解する方が要領がよい場合があります。極端にいうと、ここでは September が9月なのか10月なのかといった知識は重要ではなく、「○月に×がある」という出来事の情報の整理と、その情報と同じ意味の選択肢を選ぶ力が重要になります。

ポイント　2つの文が同じ意味かどうかを判断しよう

本文中の表現が、選択肢では少しちがう表現になることがあります。次の2つの表現が、同じような意味なら○を、ちがう意味なら×を書きましょう。

(1) We will have a concert on July 1.
There will be a concert in July.　　(　　)

(2) Jane will give a cooking lesson.
Jane will learn cooking.　　(　　)

(3) Sachi found a cat. It's small and white.
Sachi found a white cat.　　(　　)

(1)の There will be ～は There is ～
「～がある」の未来形だよ。

答え

(1) ○ わたしたちは７月１日にコンサートをします。
≒７月にコンサートがあります。
※「～がある」は have でも There is ～でも表せます。

(2) × ジェーンは料理のレッスンをします。
≠ジェーンは料理を習います。

(3) ○ サチは猫を見つけました。それは小さくて白いです。
≒サチは白い猫を見つけました。

教える方へ：4級では、選択肢の表現が本文と同じであることが多く、表現の言いかえの理解はあまり求められませんが、3級、準2級…と進むほど顕著になってきます。また、同じ意味を別の表現で表すことは、読める・聞けるだけでなく書ける・話せるにも関わり、英語全般に必要な技能なので、少しずつ意識していくとよいです。

Let's TRY

次の掲示を読んで、下の質問に対して最も適切なもの、または文を完成させるのに最も適切なものを選びましょう。

To Tennis Club Members

There will be a tennis day camp this summer.

Dates & Times: August 1 to August 5, 9:30-15:30
Place: Fandel Park
Cost: $10 each day
Do you want to come for all the 5 days? It's only $40!

At the camp, we will practice tennis in the morning. After lunch, we will play other sports or go swimming! More information will come before July 20.

(1) When will the tennis camp start?
1 July 5.
2 July 20.
3 August 1.
4 August 5.

(2) In the morning, club members will
1 play tennis.
2 watch sports games.
3 go swimming.
4 play tennis with another club.

ときかた

To Tennis Club Members

There will be a tennis day camp this summer.

はじまる日 ⑴の答え！

Dates & Times: August 1 to August 5, 9:30-15:30
Place: Fandel Park
Cost: $10 each day

Do you want to come for all the 5 days? It's only $40!

午前中はテニスを練習する ⑵の答え！

At the camp, we will practice tennis in the morning. After lunch, we will play other sports or go swimming! More information will come before July 20.

---

(1) When will the tennis camp start?
質問（しつもん）のキーワード

1 July 5.
2 July 20.
3 August 1.
4 August 5.

質問のキーワード

(2) In the morning, club members will

1 play tennis.
2 watch sports games.
3 go swimming. ←午後にすること（×）
4 play tennis with another club.

まず、タイトルを見るよ。Tennis Club「テニスクラブ」のメンバーへのお知らせだね。最初（さいしょ）の文から、伝（つた）えたいことは夏のキャンプについて。そしてその下に「いつ」「どこで」などの基本情報（きほんじょうほう）があって、最後（さいご）の3行にくわしい情報が書かれているよ。

問題⑴のキーワードはstartだよ。質問は「キャンプがいつはじまるか」なので、開催期間が書かれたDates & Times: の項目のAugust 1 to August 5を見よう。はじまるのはAugust 1だね。もしこのstartがfinish「終わる」だったら、答えはAugust 5になるよ。

問題⑴訳：テニスキャンプはいつはじまりますか。
1「7月5日」 2「7月20日」 3「8月1日」 4「8月5日」（正解 3）

問題⑵のキーワードはmorning。掲示の下の3行で午前と午後で何をするかが順に書かれているから、ここから「午前」にすることを読み取るよ。本文にwe will practice tennis in the morningとあるから、正解は1だね。このpractice→playのように、選択肢では少しちがう表現になることがあるのよ。

3のgo swimmingは午後にすることだから×だね。2と4はキャンプ中にできそうなことだけど、本文に書いていないから×だよ。

問題⑵訳：午前中、クラブメンバーがすることは…
1「テニスをする」 2「スポーツの試合を見る」
3「泳ぎに行く」 4「ほかのクラブといっしょにテニスをする」
（正解 1）

本文訳 テニスクラブのメンバーのみなさんへ

この夏、テニスのデイキャンプがあります。

日時：8月1日～8月5日、9:30～15:30

場所：ファンデル公園

参加費用：各日10ドル

5日間すべて来たいですか？ たった40ドルです！

キャンプでは、午前中はテニスを練習します。昼食後は、ほかのスポーツをしたり、泳ぎに行ったりします！ くわしい情報は7月20日までにお伝えします。

単語＆表現CHECK!

□member　メンバー
□other　ほかの
□information　情報(じょうほう)
□cost　費用(ひよう)
□more　より多くの
□before　～の前に

【L1】**There will be a tennis day camp this summer.**

There is[are] ～「～がある」の未来形(みらいけい)です。willのあとは動詞(どうし)の原形がくるので、isやareではなく、beになっています。

camp とは？　小中学生やティーンエイジャーを対象(たいしょう)に、欧米(おうべい)でよく長期休暇(きゅうか)中に行われるキャンプ。スポーツ系(けい)、芸術(げいじゅつ)系、頭脳(ずのう)系など種類(しゅるい)はさまざまです。期間も数日～長期まで幅(はば)広く、本文のday camp「デイキャンプ」は宿泊(しゅくはく)しないタイプです。（英検では欧米文化特有(とくゆう)の言葉がときどき出てきます）

【L4】**$10 each day**

eachは「それぞれの」で、each dayは「毎日、各日」という意味。ここでは「1日あたり、参加(さんか)費用は10ドル」という意味です。

【L5】**Do you want to come for all the 5 days? It's only $40!**

for all the 5 daysは8月1日～5日の5日間のことです。1日$10なので、5日間参加すれば、$10 × 5 = $50のはずですが、全部参加すれば$40なのでお得(とく)ですよ、という意味です。

教える方へ：読解問題の**表現CHECK!**は、これらの表現や構造、文の意味がわからないといけない、という意味ではありません。英文を読んでいてくわしく知りたいときにご参照ください。問題を見てのとおり、4級では比較的読みやすい部分に正解があります。問題に関係ないところで多少難しい単語や表現が混じっていることもありますが、特に小さいお子さんですと、難しい部分で頭を悩ませるよりも、正解できたらOK！と割り切って自信につなげましょう。

4B：Eメール

筆記4Bは、通常2通のメールに対して問題が3つあります。友だちや親せき（祖母やおじなど）とのやりとりが多いです。内容は、学校生活や休暇、料理、買い物、趣味などの身近な話です。

メールではどこにどんな情報が書かれているのか、次の例を見てみましょう。

【1通目】ジェームズからヘレンおばあちゃんへ

From: James Fisher
To: Helen Fisher
Date: April 15
Subject: Math

Dear Grandma,
How are you? Today ... （略）
Your grandson,
James

- From：送った人　To：受け取った人
- 日付　メールを送った日（特に見なくてよい）
- 件名　メールの内容を一言で　重要
- 「～へ」（Dear Grandma,）
- 「～より」（Your grandson,）
- 本文　さそい、質問、お願いなどを読み取る

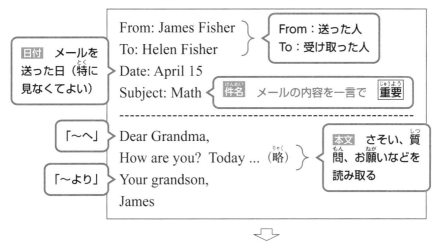

【2通目】ヘレンおばあちゃんからジェームズへの返事

From: Helen Fisher
To: James Fisher
Date: April 16
Subject: No problem

Hello James,
Of course, ... （略）
Love,
Grandma

- From / To / Date：特に見なくてよい
- 件名　返事の内容を一言で　重要
- 本文　さそい、質問、お願いなどにどう答えているかを読み取る

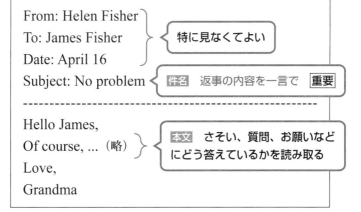

> **教える方へ**：4級の4Bには「手紙文」もふくまれますが、ほとんど出ないので本書ではEメールにしぼって学習しています。手紙文の問題のとき方は基本的にメールと同じです。

筆記4
長文の内容一致選択

ポイント 文中から情報をさがそう

情報をさがす練習をします。次の英文はDianaがダンスクラブの友だちBettyへ送ったメールの本文です。下の(1)～(3)のタスクをやってみましょう。

> Hi Betty,
> How are you? We didn't have a dance lesson on Tuesday because Ms. Miller was sick. We have a contest this Sunday, right? I want to practice with you before that. Can we practice together on Saturday?
> Your friend,
> Diana

(1) 「○曜日」を表す語を○でかこみましょう。3つあります。

(2) 次の質問を読んで、その情報が書かれている文にマーカーを引きましょう。
When is the dance contest?

(3) (2)の質問の答えとして正しいものを、1～4から選びましょう。
When is the dance contest?
1 On Tuesday.
2 On Thursday.
3 On Saturday.
4 On Sunday.

本文中に出てくるいくつかの曜日を整理して読めばいいんだね。

掲示の問題と似ているね！

そう！ 掲示とメールでは形式はちがうけど、問題のとき方は同じだよ。(3)の質問のキーワードはcontest。本文からさがしてみよう。

答え

(1)(2)

How are you? We didn't have a dance lesson on Tuesday because Ms. Miller was sick. We have a contest this Sunday, right? I want to practice with you before that. Can we practice together on Saturday?

└「日曜日の前に」ということ

(3) 4

ダンスコンテストはいつですか。

1 火曜日。←**レッスンがなかった日（×）**

2 木曜日。

3 土曜日。←**いっしょに練習しようとさそっている日（×）**

4 日曜日。

質問のキーワードはcontest「コンテスト」で、「曜日」が問われています。contestと曜日の情報を本文からさがすと、We have a contest this Sunday, right?が見つかります。このcontestはその前の話から、dance contestのこと。よって、正解(せいかい)はSunday「日曜日」です。〈..., right?〉は「…だよね？」と相手に確認(かくにん)する表現(ひょうげん)です。

本文訳(やく)

こんにちは、ベティ

元気？ わたしたち、火曜日にダンスレッスンがなかったね。ミラー先生が病気だったから。今度の日曜日にコンテストがあるよね？ その前にあなたと練習をしたいの。土曜日、いっしょに練習できる？

あなたの友だち、ダイアナより

ポイント 人物の行動を読み取ろう

次の英文は、メールをもらったBettyがDianaに送った返事です。この内容に関する下の質問を読んで、正しいものを1～4から選びましょう。

> Hi Diana,
> I'm sorry, but I'm busy on Saturday. I have a violin lesson in the morning, and I'll visit my aunt in the evening. How about Friday? I have to get home before seven, but I'm free after school.
> Love,
> Betty

What will Betty do on Saturday morning?

1 Practice dancing.
2 Take a violin lesson.
3 Meet her aunt.
4 Study at home.

ダイアナは前のメールで、土曜日にダンスをいっしょに練習できる？ とたずねていたね。

そう！ だから、この返信メールは、「土曜日に練習できる？ できない？」という返事を想像しながら読むといいよ。

質問のキーワードはSaturday morningかな？

いいね！ ベティはメールの中で「いつ」「何をする」をいくつか書いているから、その中からSaturday morningにすることを読み取るのよ。

答え

2

土曜日の午前中、ベティは何をしますか。

1　ダンスの練習をする。

2　バイオリンのレッスンを受ける。

3　おばに会う。←**土曜日の晩にすること（×）**

4　家で勉強する。←**勉強する話はない（×）**

> I'm sorry, but I'm busy on Saturday. I have a violin lesson in the morning, and I'll visit my aunt in the evening. How about Friday? I have to get home before seven, but I'm free after school.

質問のSaturday morningについての情報はすぐに見つかりましたか？1文目にSaturday、その次の文にin the morningがあります。土曜日は忙しい→午前中にバイオリンのレッスンがあるという流れから、土曜日の午前中にバイオリンのレッスンがあることがわかるので、2が正解です。

本文訳

こんにちは、ダイアナ

悪いけど、土曜日は忙しいの。午前中にバイオリンのレッスンがあって、晩にはおばのところに行くの。金曜日はどう？ 7時までに家に帰らないといけないのだけど、放課後は空いてるよ。

愛を込めて、ベティより

「〇曜日の午前・午後」「〇日の×時」のように、本文中に似たような情報がいくつかあって、そのどれかが問われるパターンがよくあります。問われる内容は、曜日、時間、行動、期間、金額、人物などさまざまです。質問からキーワードを拾って、あてはまる部分を文中からすばやくさがすことが重要になります。

この傾向はリスニングにも言えるよ。

ポイント　himやthereなどが指す内容を理解しよう

次の英文はPaulがTomおじさんに送ったメールの本文です。下の⑴⑵のタスクをやってみましょう。

> Dear Uncle Tom,
> How are you? My American friend is going back to his country soon. I want to have a party for [him] with my classmates. Can we have a party at your pizza restaurant? He loves pizza, so he will be happy.
> See you,
> Paul

⑴ 英文中の[him]とはだれでしょう？ 3語でさがして○でかこみましょう。

⑵ 次の質問を読んで、正しいものを選びましょう。
Who does Paul want to have a party for?
1 His teacher.　2 His uncle.　3 His friend.　4 His father.

質問はWho ～ for?「だれのために～しますか」という意味だよ。for「～のために」に注目して本文を読んでみよう。

答え

⑴

> How are you? (My American friend) is going back to his country soon. I want to have a party for [him] with my classmates. Can we have a party at your pizza restaurant? He loves pizza, so he will be happy.
>
> I: ポールと彼のクラスメートたち
> him: ポールのアメリカ人の友だち
> He: ポールのアメリカ人の友だち

(2) 3

ポールはだれのためにパーティーをしたいのですか。

1 彼の先生。

2 彼のおじ。

3 彼の友だち。← My American friend の言いかえ

4 彼の父親。

for「～のために」をふくむ I want to have a party for him with my classmates. に手がかりがあります。この him は、前の文の My American friend のことですね。My はメールを書いたポールのことなので、選択肢では His friend.「彼（＝ポール）の友だち」となっています。そのあとの we や He、he がだれを指すかも考えてみましょう。

本文訳

トムおじさんへ

お元気ですか。ぼくのアメリカ人の友だちが、もうすぐ国に帰ってしまいます。ぼくはクラスメートたちと、彼のためにパーティーをしたいと思っています。おじさんのピザレストランでパーティーをしていいですか？ 彼はピザが大好きなので、よろこぶでしょう。

では、ポールより

there「そこで」や it「それ」が指す内容も見てみよう。

there「そこで」

Yesterday, I went to a bookstore. I found an interesting book there.

there は a bookstore のこと

昨日、わたしは書店へ行きました。わたしはそこでおもしろい本を見つけました。

it「それ」

I bought a bag yesterday. I'm going to use it on the school trip.

it は a bag のこと

わたしは昨日、バッグを買いました。わたしは遠足でそれを使うつもりです。

Let's TRY

次のメールを読んで、下の質問に対して最も適切なものを選びましょう。

From: James Fisher
To: Helen Fisher
Date: April 15
Subject: Math

Dear Grandma,
How are you? Today I enjoyed painting. I have art lessons after school once a week. I also enjoy my school, but I have a problem. Math is very difficult. You're very good at math, so could you teach me? I have a test next Monday. Can we meet this week?
Your grandson,
James

(1) What did James do today?
  1 He enjoyed a sport.
  2 He had an art lesson.
  3 He took a math test.
  4 He met his grandmother.

教える方へ：4級のEメール問題は通常、2通のやりとりが出題されますが、3問のうち、1問目（と2問目）は1通目、（2問目と）3問目は2通目の内容だけでとけるようにできています。つまり、2通のメールを行ったり来たりして情報を統合してとくようなレベルの高い問題は出ませんので、1通目を読んだら1問目をとく、という手順がおすすめです。

次の返信メールを読んで、下の質問に対して最も適切なものを選びましょう。

From: Helen Fisher
To: James Fisher
Date: April 16
Subject: No problem

Hello James,
Of course, I can help you. I like teaching math. Today is Wednesday, and I'm busy on Thursday and this weekend. How about Friday? I'm free that day. After we study, we can have dinner together. You should ask your mom about it. Your grandpa can drive you to your house by 9 p.m.
Love,
Grandma

(2) When is James' grandmother free?
1 On Monday.
2 On Wednesday.
3 On Thursday.
4 On Friday.

(3) What does James' grandmother say to James?
1 He should study math by himself.
2 He should learn math from his mother.
3 He should ask his mother about dinner.
4 He should take a math test on Friday.

ときかた［1通目］

From: James Fisher
To: Helen Fisher
Date: April 15
Subject: Math ―メールの話題

Dear Grandma, ┌ ヒントはココ！
How are you? Today I enjoyed painting. I have art lessons after school once a week. I also enjoy my school, but I have a problem. Math is very difficult. You're very good at math, so could you teach me? I have a test next Monday. Can we meet this week? └メールの本題を確認しよう
Your grandson,
James

---

(1) What did James do today?
1 He enjoyed a sport. ←スポーツの話はない（×）
2 He had an art lesson.
3 He took a math test. ←テストは来週の月曜日（×）
4 He met his grandmother.

まず、メールの上のSubject「件名」を見よう。話題はMath「数学」だね。本文を読みはじめると、Todayがあって、過去形enjoyedがあるから、今日したことを話しているとわかるね。

問題(1)を見てみよう。「ジェームズは今日、何をしましたか」という意味で、todayがキーワード。本文のToday ...のところにヒントがあるよ。「絵を描くのを楽しんだ。週1回、放課後にアートのレッスンがある」と言っているね。この2文から、2「彼はアートのレッスンがあった」が正解！

問題(1)訳：ジェームズは今日、何をしましたか。

1「彼はスポーツを楽しんだ」 2「彼はアートのレッスンがあった」

3「彼は数学のテストを受けた」 4「彼は祖母に会った」 （正解 2）

全文訳

差出人：ジェームズ・フィッシャー／受取人：ヘレン・フィッシャー

日付：4月15日／件名：数学

おばあちゃんへ

お元気ですか。今日、ぼくは絵を描くのを楽しみました。週に1回、放課後にアートのレッスンがあります。学校も楽しんでいますが、1つ問題があります。数学がすごくむずかしいんです。おばあちゃんは数学が大得意だから、教えてもらえませんか。来週月曜日にテストがあるんです。今週会えますか。

あなたの孫息子、ジェームズより

問題の(1)はToday ...の部分に正解があるけど、必ず1通目のメールを最後まで読んでから次の返信メールに進もうね。

単語&表現CHECK!

□grandma おばあちゃん（≒grandmother）

□once a week 週に1回

□problem 問題

□Could you ～? ～していただけませんか。

□grandson 孫息子

【L2】 I also enjoy my school, but I have a problem.

alsoは「～もまた」という意味で、「アートのレッスンだけでなく学校も楽しい」という意味です。butのあとには重要な話が続きます。ここでは話が本題のmathに変わります。

【L4】 ... could you teach me (math)? I have a (math) test next Monday.

それぞれ英文にmathが省略されています。

ときかた［返信メール］

From: Helen Fisher
To: James Fisher
Date: April 16
Subject: No problem

おばあちゃんはジェームズに数学を教えるかな？ 教えないかな？

Hello James,

Of course, I can help you. I like teaching math. Today is Wednesday, and I'm busy on Thursday and this weekend. How about Friday? I'm free that day. After we study, we can have dinner together. You should ask your mom about it. Your grandpa can drive you to your house by 9 p.m.

(2)のヒントはココ！ that day = Friday

(3)のヒントはココ！

Love,
Grandma

---

(2) When is James' grandmother free?

1 On Monday. 2 On Wednesday.
3 On Thursday. 4 On Friday.

(3) What does James' grandmother say to James?

1 He should study math by himself.
2 He should learn math from his mother.
3 He should ask his mother about dinner.
4 He should take a math test on Friday.

件名がNo problemで、本文はOf course. ...ではじまるから、おばあちゃんは数学を教えてくれそうだね。Today is ...以降で、今週の忙しい日と空いている日を伝えているよ。

問題(2)を見よう。キーワードはfreeで「空いている日」が問われているよ。文中にI'm free that day.「その日は空いている」とあるね。このthat dayは、前の文のFridayのことだから、正解は4だね。「今日は水曜日」「木曜日と週末は忙しい」→「金曜日は空いている」の流れをつかもう。

問題(2)訳：ジェームズの祖母はいつ空いていますか。
1「月曜日」 2「水曜日」 3「木曜日」 4「金曜日」 （正解 4）

問題(3)を見よう。「～は（Eメールの中で）…に何と言っていますか」というタイプの問題だよ。選択肢は4つともHe should ...だね。このshouldをふくむ本文中のYou should ask your mom about it.「それについてお母さんに聞いたほうがいい」に注目しよう。Youはジェームズ、itはその前の文のdinnerのことと考えて、3が正解。質問も選択肢も長めだけど、shouldを手がかりにすれば本文とほぼ同じ選択肢3が選びやすいね。

問題(3)訳：ジェームズの祖母はジェームズに何と言っていますか。
1「彼は自分で数学を勉強するべきだ」
2「彼は母親から数学を学ぶべきだ」
3「彼は夕食について母親にたずねるべきだ」
4「彼は金曜日に数学のテストを受けるべきだ」 （正解 3）

全文訳
差出人：ヘレン・フィッシャー／受取人：ジェームズ・フィッシャー
日付：4月16日／件名：いいですよ
こんにちは、ジェームズ。
もちろん、手伝ってあげますよ。数学を教えるのは好きです。今日は水曜日で、木曜日と週末は忙しいの。金曜日はどうかしら？ その日は空いているわ。勉強したあと、いっしょに晩ご飯を食べてもいいね。そのことについてお母さんに聞いたほうがいいわ。おじいちゃんがあなたを午後9時までに車で家へ送っていけますよ。
愛を込めて、おばあちゃんより

✓単語&表現CHECK!

- □like *doing*　～するのが好きだ
- □How about ～?　～はどうですか。
- □after　～したあと
- □mom　お母さん（≒mother）
- □grandpa　おじいちゃん（≒grandfather）
- □drive＋人＋to＋場所　（人）を（場所）へ車で連れていく
- □say A to B　BにAと言う
- □by himself　彼自身で、独力で

【L4】You should ask your mom about it.

You should ～は「あなたは～すべきだ、～したほうがいい」という忠告、「ぜひ～してみて」という提案などの意味があります。ここでは、うしろに「おじいちゃんが9時までに家に送っていける」と続くことから、おばあちゃんの家で晩ご飯を食べること、あるいは夜遅くなってもいいかをお母さんに聞いてみたほうがいいね、といったニュアンスです。

〈メール1通目の補足〉

1通目のメールのように、本題の前に近況を話すことがあります。このメールでは、ジェームズが今日の出来事をかんたんに話したあと、「学校で1つ問題がある（I have a problem)」と前置きして、「数学がすごくむずかしい（Math is very difficult.)」と本題に入っています。

このメールの目的は、おばあちゃんへの相談です。Could you ～? というお願いの表現をおさえましょう。おばあちゃんは教えてくれるかな？ 忙しいからダメかな？ と想像しながら返信メールを読みましょう。

4C：ストーリー

筆記4Cは、人物のエピソードです。ある人物の日常のひとコマがストーリーとして書かれています。問題は5つあります。

どんな内容が出るの?

主人公は中高生のことが多く、話題は旅行、ペット、趣味など、身近な日常の出来事です。主に過去の出来事ですが、昔の物語などではなく、現代の日常的な話なので、小学生でも読みやすくなっています。

以下はストーリーの流れの例です。リスニング第3部にもあてはまります。

- 「先月、○は～した」→「その翌朝～した」→「その次の日～した」
- 「○は中学生だ」→「～が得意だ」→「3か月前～した」→「3週間後～した」
- 「○は～が好きだ」→「ある日～した」→「その翌日～した」→「来年、～したい」

長い文章を読むポイントは?

英文は150～160語程度で、3～4つの段落があります。英文全体は長いですが、5つの問題はストーリーの内容の順になっているので、段落ごとに問題をといていくことができます。

たとえば、4問目の答えが第1段落にある、なんてことはないから、第1段落を読む→1問目をとく、という方法でやってみて。

なるほど、たしかにその方法だと、“長文”ではなく、短い文章の読み取りがいくつかあるって感じで、少し気が楽になりそう。

知らない単語はおぼえたほうがいいの?

英文の中には少しむずかしい単語がときどき出てきます。でも、その単語がわからないととけない問題はありませんので、知らない単語に出会っても、意味を想像して読み進めましょう。

問題パターン

問題のとき方は4Aの掲示や4Bのメールと同じで、last monthやsadなど、質問文のキーワードと同じ語句を本文中からすばやくさがすことが重要になります。特徴的な問題パターンを2つ見てみましょう。

パターン1　Why ～?⇒soの前・becauseのあとに答えがある

問題にWhy ～?「なぜ？」があれば、本文中のsoまたはbecauseをふくむ文がポイントになります。

本文　Sandy got sleepy, so she stopped reading.
Sandy stopped reading because she got sleepy.
サンディは眠くなったので、読むのをやめました。

soの前・becauseのあとに答えのshe got sleepyがあるね。

質問　Why did Sandy stop reading?
なぜサンディは読むのをやめたのですか。

答え　She got sleepy.　彼女は眠くなった（から）。

パターン2　What did A say to B?⇒A said, "(セリフ)"のセリフに答えがある

本文中に、Annie's mother said, "(セリフ)." のように、登場人物のセリフが書かれていることがあります。たとえば、What did Annie's mother say to Annie?「アニーの母親はアニーに何と言いましたか」のような問題があれば、このAnnie's motherのセリフの部分に答えがふくまれています。

本文　Annie's mother said, "Don't worry. You practiced a lot."
アニーの母親は、「心配しないで。あなたはたくさん練習したわ」と言いました。

答えが"セリフ"の語句とほとんど同じだからわかりやすいね。

質問　What did Annie's mother say to Annie?
アニーの母親はアニーに何と言いましたか。

答え　Annie practiced a lot.
アニーはたくさん練習した。

表現の言いかえ

4Aの掲示のところで少し学んだ「表現の言いかえ」をもう一度見ておきましょう。次の2つの文を見て、「同じ意味」とわかることがポイントです。

本文　travel to Hawaii　ハワイへ旅行する
選択肢　go to Hawaii　ハワイへ行く

選択肢では表現がやさしく、短くなることが多いよ。

本文　have baseball practice　野球の練習がある
選択肢　practice baseball　野球を練習する／play baseball　野球をする

本文　go to Leiden Pool and swim　レイデンプールに行って泳ぐ
選択肢　swim in a pool　プールで泳ぐ

本文　bake an apple pie for dessert　デザート用にアップルパイを焼く
選択肢　make dessert　デザートを作る

読解問題の表現

本文中に出やすい表現をいくつか見ておきましょう。

□junior high school student　中学生
□high school student　高校生
□college student　大学生
□ask A for B　AにBを求める
　例：ask Mike for help　マイクに助けを求める
□feel happy　うれしい
□feel sad　悲しい
□look at ～　～を見る
□look for ～　～をさがす
□look forward to ～　～を楽しみに待つ
□decide to *do*　～することに決める
□forget to *do*　～し忘れる
□try to *do*　～するよう試みる［努力する］
□can't wait to *do*　～するのが待ちきれない
□no one ～　だれも～ない

Let's TRY

[第1段落] 次の英文を読んで、質問に対して最も適切なものを選びましょう。

A New Pet Paul loves his dog. His name is Ricky. He got Ricky from his uncle two years ago. One day, Paul found a kitten* in a park. It was in a small box. Paul took it home because it didn't look well.

*kitten: 子猫

(1) What did Paul do two years ago?

1 He found a dog in a park.
2 He lost a small box.
3 He started a new job.
4 He got a dog from his uncle.

まずは、タイトルを見よう。
主人公はPaulだよ。

[第２段落] 次の英文を読んで、文を完成させるのに最も適切なものを選びましょう。

> When Paul was giving some food to the small cat, his mother came home. Paul said, "I found this kitten. What should I do?" His mother said, "How cute! But we can't keep it. We have a dog. The kitten can stay only tonight." Paul felt sad. He put the kitten back in the box. He left the box in the garage* and went to sleep.

*garage: 車庫

(2) When Paul's mother came home, Paul

1 was looking for the kitten.

2 was giving some food to the kitten.

3 was cleaning the garage.

4 was sleeping in his room.

［第3段落］次の英文を読んで、質問に対して最も適切なものを選びましょう。

> The next morning, Paul went to the garage. The kitten was not there. He started to worry. He went to the garden and found the kitten. He was surprised because it was sleeping with Ricky.

(3) Why was Paul surprised?

1 Ricky was not in the garden.
2 He found the kitten in his room.
3 The kitten was sleeping with Ricky.
4 The kitten was in the box.

文章全体は長いけど、段落ごとに
読んでいけば長く感じないね。

［第４段落］次の英文を読んで、質問に対して最も適切なものを選びましょう。

Paul's mother came and saw the cat and dog. She said, "OK. They are good friends. You can keep the kitten." Paul was very happy.

(4) What did Paul's mother say to Paul?

1 Paul can keep the kitten.

2 Paul should make a new friend.

3 Ricky should sleep in the house.

4 The kitten does not like dogs.

Paulの母親のセリフに注目！

ときかた【第1段落】

A New Pet

Paul loves his dog. His name is Ricky. He got Ricky from his uncle two years ago. One day, Paul found a kitten* in a park. It was in a small box. Paul took it home because it didn't look well.

---

(1) What did Paul do two years ago?

1 He found a dog in a park.

2 He lost a small box. ←lostはlose「～をなくす」の過去形

3 He started a new job.

4 He got a dog from his uncle.

まず、タイトルを見よう。A New Pet「新しいペット」の話だね。
主人公は本文のはじめに出てくるPaulだよ。

ポールはRicky「リッキー」という名前の犬を飼っているんだね。
そのあとのOne day, ～「ある日～」で場面が変わるよ。

問題(1)を見てみよう。「2年前、ポールは何をしましたか」という意味で、two years agoがキーワード。本文の3文目にHe got Ricky from his uncle <u>two years ago</u>.「彼は、2年前、おじからリッキーをもらいました」とあるね。4が正解で、Rickyをa dogと表しているよ。

問題(1)訳：2年前、ポールは何をしましたか。

1「彼は公園で犬を見つけた」←**公園で見つけたのは子猫（×）**

2「彼は小さい箱をなくした」

3「彼は新しい仕事をはじめた」

4「彼はおじから犬をもらった」（正解　4）

全文訳　新しいペット

ポールは自分の犬が大好きです。犬の名前はリッキーです。彼は2年前に、おじからリッキーをもらいました。ある日、ポールは公園で子猫を見つけました。子猫は小さな箱に入っていました。子猫が具合が悪そうに見えたので、ポールは家に持って帰りました。

単語＆表現CHECK!

□～ ago　～前に
□one day　（過去の）ある日
□take ～ home　～を家に持って帰る
□because　（なぜなら）～だから
□look＋形容詞　～に見える
□well　元気な

過去の出来事を話すパターンが多いから、動詞の過去形がたくさん出てくるよ。

【動詞の過去形をチェック！】

get（～をもらう）→got、find（～を見つける）→found、is（いる）→was、take（～を持っていく）→took

【L1】His name is Ricky.

Hisはその前のhis dog、つまりポールが飼っている犬のことです。Rickyは飼い犬で性別がわかっているのでHisと表されています。ペットなど親しみのある動物はhe/sheで表すことが多いです。

【L3】It was in a small box. Paul took it home because it didn't look well.

3つのitは 子猫のことです。because以下は子猫を家に持って帰った理由です。

この部分について、次のような問題も考えられます。

Why did Paul take the kitten home?

なぜポールは子猫を家に持って帰ったのですか。

⇒答え：It didn't look well.　具合が悪そうに見えた（から）。

ときかた［第2段落］

When Paul was giving some food to the small cat, his mother came home. Paul said, "I found this kitten. What should I do?" His mother said, "How cute! But we can't keep it. We have a dog. The kitten can stay only tonight." Paul felt sad. He put the kitten back in the box. He left the box in the garage* and went to sleep.

---

(2) When Paul's mother came home, Paul

1 was looking for the kitten.
2 was giving some food to the kitten.
3 was cleaning the garage.
4 was sleeping in his room.

第2段落は、子猫を家に持って帰ったあとの場面だね。

問題(2)のmother came homeと同じ語句が1文目のWhen Paul was giving some food to the small cat, his mother came homeにあるね。the small cat「その小さい猫」は、ポールが拾った子猫のことだから、正解は2。

問題(2)訳：ポールの母親が家に帰ってきたとき、ポールは…
1「子猫をさがしていた」 2「子猫に食べ物をあげていた」
3「車庫をそうじしていた」 4「部屋で眠っていた」 （正解 2）

全文訳

ポールがその小さい猫に食べ物をあげていたとき、彼の母親が家に帰ってきました。ポールは、「この子猫を見つけたんだ。どうしよう？」と言いました。彼の母親は、「なんてかわいいの！ でもそれを飼うことはできないわ。わたしたちには犬がいるもの。子猫は今夜だけここにいていいよ」と言いました。ポールは悲しく思いました。彼は子猫を箱に戻し入れました。彼はその箱を車庫に置いて、寝ました。

単語＆表現CHECK!

□When ～, ... ～のとき、…
□How ～! なんて～なの！
□only ただ～だけ
□sad 悲しい
□come home 帰宅する
□stay とどまる
□tonight 今夜
□go to sleep 眠りにつく

【動詞の過去形をチェック！】

come（来る）→came、say（言う）→said、feel（感じる）→felt、put（～を置く）→put（過去形も同じ形）、leave（～を置いていく）→left、go（行く）→went

【L1】When Paul was giving some food to the small cat, ...

was givingは過去進行形「～していた」で、give A to B「AをBにあげる」の形です。

【L2】What should I do?

困った場面で「どうしよう？」という意味でよく使います。子猫を持ち帰ったポールの気持ちを想像しましょう。

【L4】Paul felt sad.

〈feel＋形容詞〉で「～に感じる」という意味です。ポールは子猫が飼えないとわかって悲しんでいます。

【L5】He put the kitten back in the box.

ポールが子猫を見つけたとき、小さい箱に入っていたので、ここでは子猫を箱に戻すという意味でbackが使われています。

He left the box in the garage and went to sleep.

〈leave＋A＋場所〉で「Aを（場所）に置いておく」という意味です。

ときかた【第3段落】

The next morning, Paul went to the garage. The kitten was not there. He started to worry. He went to the garden and found the kitten. He was surprised because it was sleeping with Ricky.

---

(3) Why was Paul surprised?

1 Ricky was not in the garden.
2 He found the kitten in his room.
3 The kitten was sleeping with Ricky.
4 The kitten was in the box.

第3段落はポールが子猫を車庫に置いて寝たその次の日の朝（The next morning）の場面だよ。

朝になって、車庫に行ったけど、子猫が箱の中にいない！ たいへん！ 心配になったポールが庭に出ると、子猫が見つかったね。子猫は庭で何をしていたかな？

問題(3)を見てみよう。「ポールはなぜ驚きましたか」という意味。surprisedがキーワードで、同じ語が最後のHe was surprised because it was sleeping with Ricky.にあるね。ポールが驚いた理由はbecauseのうしろにあり、「リッキーと眠っていたから」だね。itは子猫のことだから、3が正解！ was sleeping「眠っていた」は過去進行形〈was＋*doing*〉「～していた」の形だよ。

問題(3)訳：なぜポールは驚きましたか。
1「リッキーが庭にいなかった」←**リッキーは庭で子猫と眠っていた（×）**
2「彼は自分の部屋に子猫を見つけた」
3「子猫がリッキーと眠っていた」
4「子猫が箱の中にいた」←**車庫（箱の中）にいなかったので心配した（×）**

（正解　3）

全文訳

その次の日の朝、ポールは車庫に行きました。子猫はそこにいませんでした。ポールは心配しはじめました。彼は庭に行き、子猫を見つけました。彼は驚きました。なぜなら、子猫はリッキーと眠っていたからです。

単語＆表現CHECK!

□the next morning　次の日の朝、翌朝(よくあさ)

□start to *do*　～しはじめる

□worry　心配する

□garden　庭

□surprised　驚いた

□because　（なぜなら）～だから

□sleep　眠る

【L1】**The kitten was not there.**

there「そこに」は前の文のthe garage「車庫」のことです。

問題⑶はWhy ～?という質問(しつもん)に対して、本文のbecauseが手がかりになっていましたね。それでは次の問題はどうでしょう？

Why did Paul start to worry?　なぜポールは心配しはじめましたか。

⇒答え：The kitten was not in the garage.

子猫が車庫にいなかった（から）。

※本文のHe started to worry. の理由は、その前のThe kitten was not there.にあります。このように、becauseやsoがなくても理由を表すことがよくあるので、知っておきましょう。

ときかた［第4段落］

Paul's mother came and saw the cat and dog. She said, "OK. They are good friends. You can keep the kitten." Paul was very happy.

└母親のセリフに注目

---

(4) What did Paul's mother say to Paul?

1 Paul can keep the kitten.
2 Paul should make a new friend.
3 Ricky should sleep in the house.
4 The kitten does not like dogs.

第3段落では、子猫が車庫ではなく庭にいて、しかも飼い犬のリッキーといっしょに眠っていたんだったね。場面の展開を想像しながら読めているかな？

さて、第4段落ではお母さんが庭にやって来たよ。前の晩は子猫は飼えないと言っていたけど、子猫とリッキーを見て気持ちが変わったかな？

問題(4)を見てみよう。「ポールの母親はポールに何と言いましたか」という質問だから、ポールの母親のセリフに正解があるよ。You can keep the kitten. とあるので、1が正解。

問題(4)訳：ポールの母親はポールに何と言いましたか。
1「ポールはその子猫を飼ってもよい」
2「ポールは新しい友だちを作るべきだ」
3「リッキーは家の中で寝るべきだ」
4「その子猫は犬が好きではない」 （正解 1）

全文訳

ポールの母親が来て、その猫と犬を見ました。彼女は、「わかった。2匹は仲がいいね。その子猫を飼ってもいいよ」と言いました。ポールはとてもうれしかったです。

単語＆表現CHECK!

【動詞の過去形をチェック！】 see（～を見る）→saw

【L1】 Paul's mother came and saw the cat and dog.

このcameは、「（ポールがいる庭に）来た」という意味です。the cat and dogは拾ってきた子猫と飼い犬のリッキーのことです。

【L2】 They are good friends.

Theyはthe cat and dog（子猫とリッキー）のことです。

Paul was very happy.

ポールがとてもうれしかった理由は、その前のお母さんの発言にあります。ここも、becauseやsoを使わずに、理由を表した部分と言えます。

ストーリー展開を確認しよう！

ストーリーを追うことができましたか？ sadやhappyなどの語を手がかりにして、主人公ポールの気持ちの変化を読み取りましょう。

子猫を拾い、家へ持って帰った

↓

犬がいるから飼えない ⇒sad

↓

一晩、車庫に置いておいた

↓

翌朝、車庫にいない！ ⇒worry

↓

飼い犬のリッキーと眠っていた ⇒surprised

↓

子猫を飼うことになった ⇒happy

ストーリーの途中でポールは悲しんだり心配したりしたけど、最後はハッピーエンドだったね。

練習しよう！《筆記》

これまでに学んだポイントととき方を復習しながら、本番形式の問題に挑戦します。

＊問題数は実際の試験と異なります。

番号をぬりつぶす練習もしよう。

筆記１：単語問題

（　　）に入れるのに最も適切なものを1，2，3，4の中から一つ選び、その番号をマークしなさい。

(1) Mr. Lewis has a lot of animals on his (　　).

1 farm　　2 soap　　3 mirror　　4 sheep

①②③④

(2) Chris could not find the station, so he looked at the (　　) on his smartphone.

1 key　　2 map　　3 belt　　4 wall

①②③④

(3) A: Did you go to the forest yesterday?
B: Yes, we did. We enjoyed (　　) trees.

1 arriving　　2 closing　　3 shouting　　4 climbing

①②③④

(4) Last night, Nancy watched a TV ( ) about winter sports.

1 apartment 2 mountain 3 temperature 4 program

①②③④

(5) Eating breakfast is ( ) for Toru because he has soccer practice early in the morning.

1 quiet 2 different 3 important 4 sharp

①②③④

(6) When I was walking home, it ( ) to rain.

1 began 2 bought 3 became 4 forgot

①②③④

(7) A: Do you want ( ) glass of water?
B: Yes, please.

1 another 2 all 3 both 4 first

①②③④

(8) Rumi found a nice wallet in a shop. But the wallet is ( ), so she can't buy it.

1 low 2 healthy 3 expensive 4 lucky

①②③④

答えと解説

(1) 正解 1

訳　「ルイスさんは、農場でたくさんの動物を飼っています」

1「農場」 2「石けん」 3「鏡」 4「ヒツジ」

解説　(　　) の前のa lot of animals「たくさんの動物」に注目しましょう。動物がたくさんいる場所として、farm「農場」が正解です。

(2) 正解 2

訳　「クリスは駅を見つけられなかったので、スマートフォンで地図を見ました」

1「かぎ」 2「地図」 3「ベルト」 4「壁」

解説　couldはcan「～できる」の過去形で、could not ～で「～することができなかった」という意味です。look at ～は「～を見る」という意味で、駅が見つからなくて見るものはmap「地図」ですね。smartphone「スマートフォン」も読めるようにしておきましょう。

(3) 正解 4

訳　A：「昨日、森に行ったの？」

B：「うん、行ったよ。わたしたちは木に登って楽しんだよ」

1　arrive「到着する」のing形　2　close「～を閉める」のing形

3　shout「叫ぶ」のing形　4　climb「～に登る」のing形

解説　選択肢はすべて動詞のing形で、enjoy *do*ing「～して楽しむ」の*do*ingの語が問われています。(　　) のあとのtrees「木」につながるのはclimb「～に登る」です。

(4) 正解 4

訳　「昨夜、ナンシーは冬のスポーツに関するテレビ番組を見ました」

1「アパート」 2「山」 3「温度」 4「番組」

解説　〈名詞＋名詞〉の片方の名詞が (　　) になるパターンで、TV program「テレビ番組」とするのが適切です。選択肢は4つともつづりが長いのでむずかしく見えるかもしれませんが、TVと合うのはprogramだけです。

(5) **正解 3**

訳　「朝食を食べることはトオルにとって重要(じゅうよう)です。なぜなら、彼(かれ)は朝早くにサッカーの練習があるからです」

1「静(しず)かな」 2「ちがった、いろいろな」 3「重要な」 4「とがっている」

解説　形容詞(けいようし)の問題です。Eating breakfast「朝食を食べること」が文の主語になっています。because以下の「彼は朝早くにサッカーの練習がある」から、Eating breakfast is important「朝食を食べることは重要だ」とすると意味が通ります。early in the morningは「朝早くに」という意味です。

(6) **正解 1**

訳　「わたしが家に歩いて帰っていたとき、雨が降(ふ)りはじめました」

1 begin「～をはじめる」の過去形　2 buy「～を買う」の過去形

3 become「～になる」の過去形　4 forget「～を忘(わす)れる」の過去形

解説　選択肢はすべて動詞の過去形です。(　　)のあとのto rainに注目し、begin to *do*「～しはじめる」の過去形を使ってbegan to rain「雨が降りはじめた」とすると意味が通ります。主語のitは天気を表し、「それ」という意味ではないので注意しましょう。

(7) **正解 1**

訳　A:「水をもう1杯(ぱい)ほしい?」

B:「うん、お願(ねが)い」

1「もう1つの」 2「すべての」 3「両方の」 4「はじめの」

解説　AのDo you want ～?は「～がほしい?、～はいかが?」という意味で、水をすすめています。a glass of water「コップ1杯の水」のa「1杯の」のかわりにanother「もう1杯の」を入れて、another glass of water「もう1杯の水」とします。

(8) **正解 3**

訳　「ルミは店ですてきな財布(さいふ)を見つけました。しかし、その財布は高いので、彼女(かのじょ)はそれを買うことができません」

1「低い」 2「健康(けんこう)な」 3「高価(こうか)な」 4「運のよい」

解説　Butに注目して、「すてきな財布を見つけた。でも～」という流れをつかみましょう。2文目はsoがあり、「その財布は～なので、買えない」という意味です。itは財布のことで、財布が買えない理由として、「財布が高いので」とすると意味が通ります。can't「～できない」がマイナスイメージのexpensiveにつながります。

英語を聞こう!& 音読しよう! 33

筆記1：熟語問題

（　）に入れるのに最も適切なものを1，2，3，4の中から一つ選び、その番号をマークしなさい。

(1) A: Can we (　　) catch after lunch, Dad?
B: OK, Martin.

1 get　2 help　3 make　4 play

①②③④

(2) A: What do you (　　) of my new glasses?
B: They're very nice.

1 wait　2 show　3 worry　4 think

①②③④

(3) At the event, children can get ice cream for (　　).

1 free　2 next　3 same　4 once

①②③④

(4) A: May I ask you about my homework, Ms. Long?
B: Just a (　　). I'll be back soon.

1 problem　2 moment　3 time　4 place

①②③④

(5) A: Does this bus go to Madison Zoo?
B: Yes. Get (　　　) the bus at the third stop.

1 for　　2 with　　3 off　　4 about

①②③④

(6) A: You're speaking too fast. Can you slow (　　　), please?
B: Sure.

1 often　　2 long　　3 into　　4 down

①②③④

(7) Hendrik Bookstore is between a post office (　　　) a flower shop.

1 or　　2 after　　3 and　　4 during

①②③④

(8) Sakura started to make dinner after she (　　　) a long shower.

1 called　　2 told　　3 saw　　4 took

①②③④

答えと解説

(1) **正解　4**

訳　A:「ランチのあとでキャッチボールできる、お父さん?」

B:「いいよ、マーティン」

1「〜をもらう」 2「〜を助ける」 3「〜を作る」 4「(スポーツ)をする」

解説　play catchで「キャッチボールをする」という意味です。日本語との表現のちがいに注意しましょう。

(2) **正解　4**

訳　A:「わたしの新しいめがねをどう思いますか」

B:「とてもすてきですよ」

1「待つ」 2「〜を見せる」 3「心配する」 4「思う、考える」

解説　What do you think of 〜?は「〜をどう思いますか」と感想をたずねる表現です。ofのところが(　　)になってもとけるようにしておきましょう。「めがね」はglassesです。複数形なので、Bの返事ではTheyとなっています。

(3) **正解　1**

訳　「そのイベントでは、子どもたちは無料でアイスクリームがもらえます」

1「無料の」 2「次の」 3「同じ」 4「1回、1度」

解説　forとセットで使う熟語を選びます。for free「無料で」とすれば、「子どもたちは無料でアイスクリームがもらえる」と意味が通ります。4のonceはat once「すぐに」という熟語も知っておきましょう。

(4) **正解　2**

訳　A:「宿題についてたずねてもよろしいですか、ロング先生?」

B:「ちょっと待ってね。すぐに戻るわ」

1「問題」 2「少しの間」 3「時間」 4「場所」

解説　「ちょっと待ってね」を表すJust a momentが正解です。Just a minuteという表現もあります。momentとminuteはどちらも「少しの間」という意味の名詞ですが、4級では熟語としておぼえておけばよいです。May I 〜?「〜してもよろしいですか」はていねいな表現で、先生など目上の人やスタッフがお客さんに使うことが多いです。

(5) **正解 3**

訳　A：「このバスはマディソン動物園に行きますか」

B：「はい。3つめの停留所でバスを降りてください」

1「～のために」 2「～といっしょに」 3「～から離れて」 4「～について」

解説　get off ～で「(乗り物) を降りる」という意味です。反対の意味のget on ～「(乗り物) に乗る」とセットでおぼえておきましょう。

(6) **正解 4**

訳　A：「あなたは話すのが速すぎます。速度を落としてもらえますか」

B：「わかりました」

1「しばしば」 2「長い」 3「～の中へ」 4「下へ」

解説　too fast「速すぎる」から、相手にゆっくり話すようにたのんでいる場面だとわかります。slow downは「速度を落とす」という意味で、ここでは話す速度のことです。

(7) **正解 3**

訳　「ヘンドリック書店は郵便局と花屋の間にあります」

1「あるいは」 2「～のあとで」 3「～と…」 4「～の間 (ずっと)」

解説　betweenに注目しましょう。between A and Bで「AとBの間に」という意味です。betweenのほうが空所になる場合もあります。

(8) **正解 4**

訳　「サクラは長いシャワーをしたあと、夕食を作りはじめました」

1 call「～に電話をする」の過去形

2 tell「～に話す」の過去形

3 see「～を見る」の過去形

4 takeの過去形　take a showerで「シャワーをする」

解説　afterは「～したあと」という意味で、うしろに〈主語＋動詞〉が続いています。take a showerで「シャワーをする」という意味なので、takeの過去形tookが正解です。このlongのように別の語が入っても熟語だとわかることがポイントです。

ほかの例：take a long walk「長い散歩をする」、have a bad cold「ひどい風邪をひいている」

英語を聞こう！& 音読しよう！ 34

筆記1：文法問題

（　　）に入れるのに最も適切なものを1，2，3，4の中から一つ選び、その番号をマークしなさい。

(1) My father (　　) me a new bike for my birthday last week.

1 buy　　2 bought　　3 buying　　4 to buy

①②③④

(2) My grandfather likes (　　) stories for children.

1 make　　2 makes　　3 making　　4 made

①②③④

(3) A: (　　) bag is yours, the black one or the blue one?
B: The blue one.

1 Which　　2 Whose　　3 Who　　4 When

①②③④

(4) William has many video games. He plays (　　) with his brothers every day.

1 it　　2 him　　3 us　　4 them

①②③④

(5) Jane was (　　　) her homework when her mother came home.

1 do　　2 did　　3 does　　4 doing

①②③④

(6) A: Dad, can we go and watch the baseball game this Saturday?
B: Sure. I (　　　) get two tickets later.

1 do　　2 did　　3 will　　4 am

①②③④

(7) Luke can swim (　　　) than his brother.

1 fast　　2 faster　　3 fastest　　4 as fast

①②③④

(8) A: Who (　　　) this picture?
B: My daughter did. I like it very much.

1 draw　　2 to draw　　3 drawing　　4 drew

①②③④

答えと解説

(1)　**正解　2**

訳　「先週、わたしの父親が誕生日に新しい自転車を買ってくれました」

解説　選択肢にはbuy「～を買う」のいろいろな形が並んでいます。last week「先週」とあるので、過去形のboughtが正解です。〈buy＋人＋もの〉「（人）に（もの）を買う」の文です。

(2)　**正解　3**

訳　「わたしの祖父は子ども向けの物語を作ることが好きです」

解説　選択肢にはmake「～を作る」のいろいろな形が並んでいます。likeのあとなので、like making「作ることが好き」とするのが適切です。like to *do*も「～することが好きだ」という意味ですが、選択肢にはto makeはないので迷うことはありません。

(3)　**正解　1**

訳　A：「どちらのバッグがあなたのですか、黒いのですか、それとも青いのですか」
B：「青いのです」

解説　適切な疑問詞を選ぶ問題です。カンマのあとにA or B「AそれともB」があるので、Which「どちらの」が入ります。〈Which＋名詞 ～, A or B?〉「AとBでは、どちらの（名詞）が～ですか」という形をおぼえておきましょう。yoursは「あなたのもの」という意味で、3つあるoneはすべてbagのことです。選択肢2のWhoseは「だれの」という意味で、Whose bag is this? — It's mine.「これはだれのバッグですか—わたしのです」のように使います。Who「だれ」とWhen「いつ」のうしろに名詞はきません。

(4)　**正解　4**

訳　「ウィリアムはテレビゲームをたくさん持っています。彼は毎日、兄弟とそれらをします」

解説　選択肢はどれも「～を」を表す語です。2文目のHeはWilliamのことで、毎日兄弟と何をするかというと、その前にあるvideo games「テレビゲーム」です。gamesは複数形なのでthem「それらを」が正解です。選択肢1のit「それを」は単数形（1つのもの）に対して使います。him「彼を」とus「わたしたちを」は文の意味に合いません。

(5) **正解　4**

訳　「母親が帰宅したとき、ジェーンは宿題をしていました」

解説　選択肢にはdo「～をする」のいろいろな形が並んでいます。(　　)の前にwasがあることと、when her mother came home「彼女の母親が帰宅したとき」とのつながりから、was doing her homework「宿題をしていました」とするのが適切です。過去進行形〈was [were] +動詞のing形〉を確認しましょう。

(6) **正解　3**

訳　A:「お父さん、今度の土曜日、野球の試合を見に行ける？」

B:「いいよ。あとでチケットを2枚買っておくね」

解説　「今度の土曜日に野球を見に行ける？」と聞かれた父親は、Sure.「いいよ」と答えています。later「あとで」に注目して未来の文になるようにwillを入れます。選択肢4のamは、I am free tomorrow.「わたしは明日、ひまです」のように未来の文で使うこともありますが、ここでは直後のgetと合いません。

(7) **正解　2**

訳　「ルークは彼の兄［弟］よりも速く泳げます」

解説　選択肢にはfastのいろいろな形が並んでいます。swim fastで「速く泳ぐ」という意味です。(　　)のあとのthan「～よりも」に注目して、比較級fasterが正解です。

(8) **正解　4**

訳　A:「だれがこの絵を描いたの？」

B:「わたしの娘が描いたのよ。とても気に入っているの」

解説　選択肢にはdraw「～を描く」のいろいろな形が並んでいます。Who「だれが」が主語で、その動詞部分が(　　)になっています。Bの返事のdidは過去を表すので、過去形drewを入れて、「だれが描いたの？」→「わたしの娘が描いた」とすると自然な会話になります。このdidはdrewのかわりに使われています。

英語を聞こう！& 音読しよう！ 35

筆記2：会話文問題

（　　）に入れるのに最も適切なものを1，2，3，4の中から一つ選び、その番号をマークしなさい。

(1) *Girl 1:* I got a rabbit from my aunt yesterday.（　　　）
Girl 2: Yeah! I love rabbits.

1 Is it yours?
2 Do you want to see it?
3 Does it run fast?
4 Did you buy it?

①②③④

(2) *Woman:* How long did you stay in New Zealand?
Man:（　　　）I had a great time there.

1 Once a week.
2 For ten days.
3 Only with my son.
4 To Lake Tekapo.

①②③④

(3) *Man:* Maria, I can't have dinner with you today.
Woman:（　　　）
Man: I have to go to Mr. Cook's office in the evening.

1 It's too far.
2 Why not?
3 Great job.
4 Can I try it?

①②③④

(4) *Son:* Mom, the spaghetti is delicious, but I can't eat it all.
Mother: That's OK. (　　)
Son: All right.

1 Can you finish the soup?
2 Did you make it by yourself?
3 What's your favorite food?
4 What do you want for dessert?

①②③④

(5) *Husband:* I'm going shopping. Do you need anything?
Wife: (　　) I want to use them to make a salad.

1 Sorry, I can't.
2 I like cooking.
3 I had pasta for lunch.
4 I want two tomatoes.

①②③④

(6) *Boy:* I called you last night, but (　　)
Girl: Sorry. I went to bed early.

1 I was very late.
2 it's not my phone.
3 you didn't answer.
4 I can't find it.

①②③④

答えと解説

(1)　正解　2

訳　女の子1：「昨日、おばからウサギをもらったの。それを見たい？」
女の子2：「うん！　わたしはウサギが大好きなの」
1「それはあなたのですか」　2「あなたはそれを見たいですか」
3「それは速く走りますか」　4「あなたはそれを買いましたか」

解説　女の子1は「ウサギをもらったの」と言ったあと、何か質問をしていて、女の子2は「うん！　ウサギは大好きなの」と返事をしています。この返事と合うのは「それ（＝ウサギ）を見たい？」という意味の2です。

(2)　正解　2

訳　女性：「ニュージーランドにはどのくらい滞在したのですか」
男性：「10日間です。そこではすてきな時をすごしました」
1「週に1回」　2「10日間」　3「息子だけと」　4「テカポ湖へ」

解説　女性のHow long ～?は期間をたずねる表現で、ニュージーランドの滞在期間をたずねています。2のFor ten days.「10日間（滞在した）」が正解です。筆記2以外でもそうですが、4のLake Tekapoのように、場所の名前がふくまれることがあります。ここでは、Tekapoという名前の湖（lake）だとわかればじゅうぶんです。

(3)　正解　2

訳　男性：「マリア、今日はきみと夕食が食べられないんだ」
女性：「どうして？」
男性：「夕方にクックさんのオフィスに行かないといけないんだ」
1「遠すぎます」　2「どうして（だめなの）ですか」
3「よくできました」　4「それをためしてもいいですか」

解説　男性はI can't ...で、いっしょに夕食が食べられないことを女性に伝えています。女性の（　　）の発言に対し、男性は「夕方にクックさんのオフィスに行かないといけない」と答えています。これは女性といっしょに夕食が食べられない理由だと考えられるので、理由をたずねる2が正解です。I can't ...という否定文に対してWhy not?となっています。

(4) 正解 1

訳 息子：「お母さん、スパゲティはとてもおいしんだけど、全部食べられないよ」

母親：「いいわよ。スープは食べ終えられる？」

息子：「わかった」

1「あなたはスープを食べ終えることができますか」

2「あなたはそれを自分で作ったのですか」

3「あなたの好きな食べ物は何ですか」

4「あなたはデザートに何がほしいですか」

解説 息子はスパゲティを全部食べられないと言っています。これに対する母親の返事のThat's OK.は、「全部食べなくていいよ、残していいよ」という意味です。最後の息子のAll right.「わかった」につながるのは1のCan you finish the soup?です。「スパゲティは残していいけど、スープは全部食べられる？」という意味になります。

(5) 正解 4

訳 夫：「買い物に行くところだけど。何か必要なものはある？」

妻：「トマトが2個ほしいわ。サラダを作るのにそれらを使いたいの」

1「悪いけど、できません」　2「わたしは料理が好きです」

3「ランチにパスタを食べました」　4「トマトが2個ほしいです」

解説 買い物に出かける夫が妻に「何か必要なものはある？＝買ってきてほしいものはある？」とたずねています。妻は（　）のあとで「サラダを作るのにそれらを使いたい」と言っていて、このthemが4のtwo tomatoesになります。（　）のあとに解答の手がかりがある場合もあるので、最後までしっかりと読みましょう。

(6) 正解 3

訳 男の子：「昨夜、きみに電話をしたけど、出なかったね」

女の子：「ごめんね。早く寝たの」

1「ぼくはとても遅れました」　2「それはぼくの電話ではありません」

3「あなたは出ませんでした」　4「ぼくはそれが見つかりません」

解説 この問題のように、but「でも」のあとに（　）があるパターンもあります。「きみに電話をしたけど、～」と言う男の子に対し、女の子はSorry.とあやまっているので、3が正解です。このanswerは「答える、（電話に）出る」という意味です。女の子のI went to bed early.は電話に出なかった理由になります。

英語を聞こう！＆ 音読しよう！ 36

筆記3：並べかえ問題

日本文の意味を表すように①から⑤までを並べかえて［　　］の中に入れなさい。そして、2番目と4番目にくるものの最も適切な組合せを1，2，3，4の中から一つ選び、その番号をマークしなさい。ただし、（　　）の中では、文のはじめにくる語も小文字になっています。

(1) ナミは日本語と英語の両方を教えることができます。

（ ① and　② can　③ both　④ Japanese　⑤ teach ）

Nami ［　　］［2番目］［　　］［4番目］［　　］ English.

1 ③—①　2 ⑤—④　3 ⑤—②　4 ④—①

①②③④

(2) あなたはいつジェームズへのプレゼントを買うつもりですか。

（ ① going to　② you　③ buy　④ are　⑤ when ）

［　　］［2番目］［　　］［4番目］［　　］ a present for James?

1 ②—⑤　2 ②—④　3 ④—①　4 ④—③

①②③④

(3) この映画はあの映画よりもおもしろかったです。

（ ① more　② movie　③ interesting　④ than　⑤ was ）

This ［　　］［2番目］［　　］［4番目］［　　］ that one.

1 ①—④　2 ⑤—②　3 ④—②　4 ⑤—③

①②③④

(4) ローラはジュースを作るためにオレンジを３つ買いました。

(① to ② make ③ bought ④ oranges ⑤ three)

Laura [ ] [2番目] [ ] [4番目] [ ] juice.

1 ⑤—① 2 ④—② 3 ①—③ 4 ⑤—②

①②③④

(5) わたしはひまな時間があるとき、雑誌(ざっし)を読みます。

(① free ② magazines ③ when ④ have ⑤ I)

I read [ ] [2番目] [ ] [4番目] [ ] time.

1 ②—③ 2 ⑤—② 3 ③—④ 4 ①—④

①②③④

(6) わたしの生まれ故郷(こきょう)には寺がたくさんあります。

(① in ② are ③ there ④ temples ⑤ many)

[ ] [2番目] [ ] [4番目] [ ] my hometown.

1 ④—② 2 ②—① 3 ⑤—③ 4 ②—④

①②③④

(7) お母さん、テニスシューズを洗(あら)わないといけませんか。

(① my ② I ③ wash ④ to ⑤ have)

Mom, do [ ] [2番目] [ ] [4番目] [ ] tennis shoes?

1 ④—① 2 ⑤—③ 3 ③—⑤ 4 ②—④

①②③④

答えと解説

(1) 正解 2

訳 完成文：Nami can teach both Japanese and English.

②⑤③④①

解説 まず、〈主語＋動詞〉のカタマリを考えます。日本文の「ナミは～を教えることができます」をNami can teachと表します。次に、日本文の「～と…の両方」という表現と語群のbothとandに注目して、both Japanese and English「日本語と英語の両方」というカタマリを作ります。これをcan teachにつなげると完成です。

(2) 正解 3

訳 完成文：When are you going to buy a present for James?

⑤④②①③

解説 「いつ？」なのでWhenではじめます。語群にgoing toがあるので、「～するつもりですか」はbe going to *do*の疑問文で表します。主語が「あなたは」なので、When are you going toという語順になります。toのあとは動詞の原形なので、残ったbuyを続けると、buy a present for James「ジェームズへのプレゼントを買う」と意味がつながります。

(3) 正解 4

訳 完成文：This movie was more interesting than that one.

②⑤①③④

解説 「この映画は」が主語なので、This movieというカタマリができます。日本文の「おもしろかったです」は過去のことなので、動詞はwasです。「～よりも…」を比較級で表すことがポイントです。interestingのようなつづりの長い語にはmoreを使って、more interesting than ～「～よりもおもしろい」と表します。that oneのoneはmovieのことです。

(4) 正解 1

訳 完成文：Laura bought three oranges to make juice.

③⑤④①②

解説 この文は、「ローラはオレンジを3つ買いました」→「ジュースを作るために」のカタマリで考えることがポイントです。まず、主語のLauraのあと、動詞のbought「～を買った」を入れます。そのあとには「何を」の部分がきますが、「オレンジを3つ」は「3つのオレンジを」ということなので、three orangesというカタマリを入れます。そして「～するために」を〈to＋動詞の原形〉で表して、to make juice「ジュースを作るために」とします。

(5) 正解 3

訳 完成文：I read magazines when I have free time.

②③⑤④①

解説 「～のとき」はwhenを使って表します。I readではじまっているので、〈文＋when＋文〉の形になります。まず、「(わたしは) 雑誌を読みます」をI read magazinesと表します。そのあと、「わたしはひまな時間があるとき」を、when I have free timeと表します。whenのあとに〈主語＋動詞〉が続くことがポイントです。文の終わりがtimeなので、「ひまな時間」free timeというカタマリを先に作ってもよいでしょう。

(6) 正解 4

訳 完成文：There are many temples in my hometown.

③②⑤④①

解説 日本文の主語は「寺が」ですが、文の終わりが「あります」で、語群にthereとareがあることから、There are ～「～があります」の文だと判断します。「寺がたくさんあります＝たくさんの寺があります」をThere are many templesと表します。そして、「わたしの生まれ故郷には」に対応するin my hometownをつなげます。

同じ意味の文を、hasを使って、My hometown has many temples.と表すこともできます。日本文が「～があります」となっていれば、語群にthereまたはhave[has]をさがしましょう。

(7) 正解 2

訳 完成文：Mom, do I have to wash my tennis shoes?

②⑤④③①

解説 まず、文の最初のMom, はお母さんへの呼びかけで、〈do＋主語＋～?〉の疑問文だと理解しましょう。語群にhaveとtoがあるので、日本文の「～しないといけませんか」をhave to *do*の疑問文で表すと判断します。日本文に「だれが」洗うかという主語がないですが、語群にIがあるので、I「わたしは」を主語にして、do I have toとします。have toのあとは動詞の原形washを続けます。残ったmy「わたしの」も日本文にないですが、myは名詞の前に使うので、うしろのtennis shoesとつなげてmy tennis shoesとすれば完成です。

haveは「～を持っている」、「～がある」、have to *do*「～しなければならない」などいろいろな意味で使われるので、日本文を参考にして、どう使えばいいかをよく考えましょう。

英語を聞こう！& 音読しよう！ 37

筆記4A：読解問題・掲示

次の掲示の内容に関して、(1)、(2)の質問に対する答えとして最も適切なもの、または文を完成させるのに最も適切なものを1，2，3，4の中から一つ選び、その番号をマークしなさい。

Class Trip to Space Museum

We are going to visit Branden Space Museum on June 25.

Everyone must be in the classroom by 8:30. The bus will leave the school at 9:00, so don't be late.

After lunch, we will play some fun games in Branden Park. We will go back to school around 14:30.

Please bring your lunch, drink, and hat.

(1) What time will the bus leave the school on June 25?

1 At 8:30.
2 At 9:00.
3 At 14:00.
4 At 14:30.

①②③④

(2) In Branden Park, the students will

1 study science.
2 watch a sport.
3 play some games.
4 make lunch together.

①②③④

●おぼえておきたい単語(たんご)があれば書き出しましょう。

単語	意味
（例(れい)）trip	旅行

答えと解説

(1) 正解 2

訳 「6月25日、バスは何時に学校を出ますか」

1「8時30分に」 2「9時に」 3「14時に」 4「14時30分に」

解説 この掲示は6月25日の宇宙博物館への遠足のお知らせです。お知らせの中に時刻がいくつか出てきますが、質問のbus leave the schoolから、バスが学校を出る時刻を読み取ります。The bus will leave the school at 9:00とあるので、2が正解です。

(2) 正解 3

訳 「ブランデン公園では、生徒たちは…」

1「科学を勉強する」 2「スポーツを見る」

3「ゲームをする」 4「みんなで昼食を作る」

解説 タイトルにClass Trip「クラスの遠足」とあり、生徒あてのお知らせなので、質問ではthe studentsとなっています。質問にあるBranden Parkという語句をお知らせの中からさがすと、we will play some fun games in Branden Parkとあることから、Branden Parkではゲームをすることがわかります。よって、3が正解です。ここでいうfun gamesは、鬼ごっこやボール遊びなど、公園でするような遊びのことです。お知らせの最後のPlease bring your lunchから、お弁当を持参することがわかるので、4は誤りです。

本文訳

宇宙博物館へのクラスの遠足

6月25日、わたしたちはブランデン宇宙博物館を訪れる予定です。

全員、8時30分までに教室にいなければなりません。バスは9時に学校を出発しますので、遅れないでください。

昼食後、わたしたちはブランデン公園で楽しいゲームをします。14時30分ごろに学校に戻ります。

お弁当、飲み物、帽子を持参してください。

✓単語&表現CHECK!

□trip　旅行
□space　宇宙
□everyone　全員
□must　～しなければならない
□by　～までに
□leave　～を出発する
□late　遅刻(ちこく)する
□fun　楽しい
□go back to ～　～に戻(もど)る
□around　～ごろに
□bring　～を持ってくる

【L1】**We are going to visit Branden Space Museum on June 25.**
be going to ～は「～する予定です」という意味です。

【L3】**Everyone must be in the classroom by 8:30.**
must be ～で「～にいなければならない」という意味です。

The bus will leave the school at 9:00, so don't be late.
willは未来(みらい)を表し、ここでは遠足当日の予定を表します。このあと出てくるwillもすべて同じです。

【L7】**Please bring your lunch, drink, and hat.**
3つの物を並(なら)べるときはA, B and Cという表現(ひょうげん)を使います。ここではyour lunchと(your) drinkと(your) hatの3つを並べています。

英語を聞こう！& 音読しよう！ 38

筆記4B：読解問題・Eメール

次のEメールの内容に関して、(1)～(3)の質問に対する答えとして最も適切なもの、または文を完成させるのに最も適切なものを1，2，3，4の中から一つ選び、その番号をマークしなさい。

From: Sofia Miller
To: Lily Scott
Date: August 3
Subject: Art festival

Hi Lily!
Are you enjoying summer? My father told me about an art festival in Hamilton. It's next week, from August 10 to 15. We can see many artworks* by young artists. There will also be art lessons on August 12 and 15. They're free! Can we go together? I will be free all week.
Talk to you soon,
Sofia

From: Lily Scott
To: Sofia Miller
Date: August 4
Subject: Let's go!

Hi Sofia,
I know that festival! My aunt is an art teacher and will give a lesson on August 12. I wanted to see her at the festival, but I'm going to Lake Easton with my parents from August 10 to 14. We can go to the festival on August 15. I want to take a painting lesson with you.
Your friend,
Lily

*artwork: 芸術作品

(1) When will the art festival begin?

1 On August 10.
2 On August 12.
3 On August 14.
4 On August 15.

①②③④

(2) Who is an art teacher?

1 Lily's father.
2 Lily's mother.
3 Lily's aunt.
4 Lily's friend.

①②③④

(3) On August 10, Lily will

1 meet young artists.
2 go to a lake.
3 take an art lesson.
4 visit her aunt.

①②③④

単語(たんご)	意味

答えと解説

(1) 正解 1

訳 「芸術祭はいつはじまりますか」

1「8月10日に」 2「8月12日に」 3「8月14日に」 4「8月15日に」

解説 友だち同士が夏休みにメールのやりとりをしています。話題は件名（subject）にあるArt festival「芸術祭」です。メールの中に日付がいくつか出てきますが、質問のbeginから、お祭りがはじまる日を読み取ります。It's next week, from August 10 to 15.のItは芸術祭のことなので、はじまる日はAugust 10です。

(2) 正解 3

訳 「だれが美術の先生ですか」

1「リリーの父親」 2「リリーの母親」 3「リリーのおば」 4「リリーの友だち」

解説 質問のart teacherに注目して、メールの中から同じ語句をさがします。2通目のメールの2文目にMy aunt is an art teacherとあります。このMyはメールを書いたリリーのことなので、美術の先生はリリーのおばです。

(3) 正解 2

訳 「8月10日、リリーは…」

1「若い芸術家たちに会う」 2「湖に行く」

3「アートのレッスンを受ける」 4「おばを訪ねる」

解説 質問は8月10日にリリーがすることです。キーワードはAugust 10「8月10日」で、リリーが書いた2通目のメールのI'm going to Lake Easton with my parents from August 10 to 14に手がかりがあります。「8月10日から14日まで両親とイーストン湖に行く」とあるので、「湖へ行く」という2が正解です。go to Lake Easton→go to a lakeのような表現の言いかえに対応できるようにしておきましょう。

本文訳（1通目）

差出人：ソフィア・ミラー／受取人：リリー・スコット
日付：8月3日／件名：芸術祭

こんにちは、リリー！
夏を楽しんでる？ お父さんが、ハミルトンの芸術祭について教えてくれたの。来週、8月10日から15日だよ。若い芸術家の芸術作品をたくさん見ることができるの。8月12

日と15日にはアートのレッスンもあるよ。無料だよ！ いっしょに行かない？ わたしはその週はずっと空いてるよ。
それじゃ、ソフィアより

本文訳（2通目）

差出人：リリー・スコット／受取人：ソフィア・ミラー
日付：8月4日／件名：行こう！

こんにちは、ソフィア
そのお祭り、知ってるよ！ わたしのおばが美術の先生で、8月12日にレッスンをするのよ。お祭りでおばに会いたかったのだけど、8月10日から14日まで両親とイーストン湖に行くの。お祭りには8月15日に行けるよ。あなたと絵画のレッスンを受けたいわ。
あなたの友だち、リリーより

✔単語&表現CHECK!

☐told　tell「～に言う」の過去形　☐artist　芸術家
☐all week　その週ずっと　☐painting　絵画

1通目

【L2】We can see many artworks by young artists.
このbyは「～による」という意味で、「若い芸術家が制作した芸術作品がたくさん見られる」といった意味になります。

【L4】They're free!
Theyは前の文にあるart lessonsのことです。ここのfreeは「無料の」という意味で、うしろのI will be free all week.のfreeは「ひまな、空いている」という意味です。

2通目

【L2】I wanted to see her at the festival, but I'm going to ...
want to *do*は「～したい」という意味で、この文ではwanted toと過去形になっています。butがあるので「～したかったのだけど…（できない）」という話の展開になります。

英語を聞こう！& 音読しよう！ 39

筆記4C：読解(どっかい)問題・ストーリー

次の英文(えいぶん)の内容(ないよう)に関(かん)して、(1)〜(4)の質問(しつもん)に対する答えとして最(もっと)も適切(てきせつ)なもの、または文を完成(かんせい)させるのに最も適切なものを1，2，3，4の中から一つ選(えら)び、その番号をマークしなさい。

An Old Violin

Olivia loves music. Her mother is good at playing the piano, so she often teaches Olivia the piano. Last week, Olivia visited her grandmother. There is a piano in her house, so Olivia played her favorite song for her grandmother on the piano. Her grandmother said, "I'm very happy, Olivia. I taught that song to your mom. Do you like music? I'll show you something."

Olivia's grandmother brought an old box from another room. It was a very old violin. Olivia said, "Oh, you have a violin! I didn't know that! Can you play it, Grandma?" She said, "Sorry, I can't. It's broken. When your mom was little, I often played that song on this violin. Do you want to play this violin? You can take it to a music shop. They'll repair* it."

Now, Olivia is very excited. Next week, she is going to take her grandmother's old violin to a music shop. She can't wait to play her new instrument.*

*repair　〜を修理(しゅうり)する
*instrument　楽器(がっき)

(1) Who teaches Olivia the piano?

1 Her mother.
2 Her grandmother.
3 Her music teacher.
4 Her mother's friend.

①②③④

(2) What did Olivia do in her grandmother's house?

1 She helped her grandmother with cooking.
2 She found an interesting book.
3 She played the piano for her grandmother.
4 She enjoyed looking at some family photos.

①②③④

(3) What did Olivia's grandmother bring from another room?

1 A toy piano.
2 A violin.
3 An old picture.
4 A music book.

①②③④

(4) What did Olivia's grandmother say to Olivia?

1 She can teach Olivia the violin.
2 She bought a violin for Olivia.
3 Her old violin is broken.
4 Olivia can play the violin well.

①②③④

(5) Next week, Olivia will

1 start violin lessons.
2 buy a new piano.
3 learn the violin from her mother.
4 take the violin to a music shop.

①②③④

答えと解説

(1) 正解 1

訳　「だれがオリビアにピアノを教えていますか」

1「彼女の母親」　2「彼女の祖母」　3「彼女の音楽の先生」　4「彼女の母親の友だち」

解説　タイトルはAn Old Violin「古いバイオリン」です。第1段落はバイオリンの話ではなく、ピアノの話になっています。タイトルを最初に見て、いつバイオリンの話が出てくるのかな？と想像しながら読むとよいでしょう。質問は「だれがオリビアにピアノを教えているか」で、第1段落の2文目にHer mother is good at playing the piano, so she often teaches Olivia the piano. とあります。sheは文頭のHer motherのことなので、1が正解です。

(2) 正解 3

訳　「オリビアは祖母の家で何をしましたか」

1「彼女は祖母の料理を手伝った」

2「彼女はおもしろい本を見つけた」

3「彼女は祖母のためにピアノをひいた」

4「彼女は家族写真を見て楽しんだ」

解説　オリビアが祖母の家に行った話は、第1段落3文目のLast week, Olivia visited her grandmother. のあとにくわしく書かれています。その次の文のOlivia played her favorite song for her grandmother on the pianoに注目しましょう。「そのピアノで祖母のためにお気に入りの曲をひいた」を「祖母のためにピアノをひいた」と言いかえた3が正解です。

(3) 正解 2

訳　「オリビアの祖母は別の部屋から何を持ってきましたか」

1「おもちゃのピアノ」　2「バイオリン」　3「古い写真」　4「音楽の本、楽譜」

解説　第1段落の終わりで、祖母がI'll show you something.「あなたにあるものを見せましょう」と言っています。このsomethingはなんだろう？と想像しながら次の段落に読み進めると、第2段落はじめにOlivia's grandmother brought an old box from another room.とあり、祖母は別の部屋から「古い箱」を持ってきたことがわかります。そして続くIt was a very old violin.から、その箱の中身はバイオリンだったことがわかります。

(4) **正解 3**

訳 「オリビアの祖母はオリビアに何と言いましたか」

1「彼女はオリビアにバイオリンを教えることができる」

2「彼女はオリビアのためにバイオリンを買った」

3「彼女の古いバイオリンはこわれている」

4「オリビアはじょうずにバイオリンがひける」

解説 質問はWhat did A say to B?のパターンで、オリビアの祖母の発言の中に正解があります。Can you play it, Grandma?「バイオリンをひいてくれる？」と言われた祖母は、Sorry, I can't. It's broken.「ごめんね、ひけないの。こわれているのよ」と言います。Itは祖母の古いバイオリンのことなので、3が正解です。

(5) **正解 4**

訳 「来週、オリビアは…」

1「バイオリンのレッスンをはじめる」

2「新しいピアノを買う」

3「母親からバイオリンを習う」

4「楽器店(がっきてん)にバイオリンを持って行く」

解説 質問のNext weekがキーワードで、第3段落2文目のNext week, she is going to take her grandmother's old violin to a music shop.「来週、彼女は祖母の古いバイオリンを楽器店に持っていくつもりです」から、4が正解です。本文のis going toがwillになっていますが、どちらも未来(みらい)を表す表現(ひょうげん)です。

本文訳

古いバイオリン

オリビアは音楽が大好(だいす)きです。彼女の母親はピアノをひくのがじょうずなので、オリビアによくピアノを教えています。先週、オリビアは祖母を訪(たず)ねました。彼女の家にはピアノがあるので、オリビアはそのピアノで祖母のために自分のお気に入りの曲を演奏(えんそう)しました。祖母は、「とてもうれしいわ、オリビア。わたしがあなたのお母さんにその曲を教えたのよ。あなたは音楽が好き？ あるものを見せましょう」と言いました。

オリビアの祖母は、別の部屋から古い箱を持ってきました。それはとても古いバイオリンでした。オリビアは、「まあ、おばあちゃん、バイオリン持ってるのね！ 知らなかったわ！ ひいてくれる、おばあちゃん？」と言いました。彼女は、「ごめんね、ひけないの。こわれているのよ。あなたのお母さんが小さかったころ、わたしはこのバイオリンでその曲をよくひいたわ。このバイオリンをひきたい？ 楽器店に持っていけばいいわ。修理(しゅうり)してくれるでしょう」と言いました。

今、オリビアはとてもわくわくしています。来週、彼女は祖母の古いバイオリンを楽器店に持っていくつもりです。彼女は自分の新しい楽器を演奏するのが待ちきれません。

✔単語＆表現CHECK!

□something　何か	□another　別の
□broken　こわれた	□little　小さい、幼い
□excited　わくわくした	□wait to *do*　～するのを待つ

【L2】 she often teaches Olivia the piano

〈teach＋人＋もの〉は「(人) に (もの) を教える」という意味です。

【L5】 I taught that song to your mom.

「(人) に (もの) を教える」は〈teach＋もの＋to＋人〉とも表せます。that songは、オリビアが祖母のためにピアノでひいた曲のことです。

I'll show you something.

〈show＋人＋もの〉は「(人) に (もの) を見せる」という意味です。このあとのsomething→old box→a very old violinはすべて同じものを指しています。

【L8】 I didn't know that!

「おばあちゃんがバイオリンを持っているとは知らなかった！」と驚いている場面です。

【L9】 Sorry, I can't.

Sorry, I can't play it(=the violin).が省略された表現です。

【L11】 You can take it to a music shop. They'll repair it.

〈take＋もの＋to＋場所〉は「(もの) を (場所) に持っていく」という意味です。Theyは楽器店 (の人たち)、2つのitは祖母の古いバイオリンのことです。

【L14】 She can't wait to play her new instrument.

her new instrument「彼女の新しい楽器」とは、修理後の祖母の古いバイオリンのことです。このnewは「新品の」ではなく、すでに持っている楽器 (ピアノ) に対して「新しく手に入れた、はじめて使う」といった意味のnewです。

英語を聞こう！＆ 音読しよう！ 40

Listening

リスニング

第1部
会話の応答文選択

リスニング第1部の出題形式

リスニングは第1部から第3部の3種類の問題があります。放送はすべて2回ずつです。

第1部　会話の応答文選択（3択）…10問
第2部　会話の内容一致選択（4択）…10問
第3部　文の内容一致選択（4択）…10問
} 30問

第1部は、問題用紙にあるイラストを参考にしながら、会話を聞きます。会話のやりとりは3回（A–B–A）です。会話のあとに続けて1，2，3の3つの応答が読まれるので、会話の最後の発話に対する応答としてもっとも適切な応答を選びます。選択肢は音声のみで、問題用紙には書かれていません。

●サンプル問題●

問題用紙

放送文

M: I can't find my pen.
W: Is this yours?
M: Yes, it is. Where was it?

（選択肢） 1　Under my desk.
2　You're welcome.
3　After school.

第1部は、上のようなイラストが問題用紙に10問分あります。イラストは会話とその応答（正解選択肢）の場面を表しています。

問題用紙はイラストだけで、読む英語がないのは5級と同じ。でも放送は1文ではなくて会話になるの。だから、会話の流れをつかむ必要があるよ。

〈サンプル問題の訳・答え〉
M：ペンが見つからないんだ。　W：これ、あなたの？　M：そうだよ。どこにあった？
1「わたしの机の下に」　2「どういたしまして」　3「放課後に」（正解　1）

リスニングの会話問題の特徴は？

第１部とこのあとの第２部では、２人（男女１人ずつ）による会話を聞きます。友だち同士、親子、店員と客の会話が多いです。筆記でおぼえた会話表現が役に立ちます。p.88～91の会話表現を復習しましょう。

第１部はどんな対策をしたらいいの？

イラストを見て場面を想像しながら会話を聞くことに慣れましょう。イラストを見て、だれが話しているのか、何をしているところかなどをつかめるようになったら、①耳だけで判断して正解を選ぶ練習、②放送文を声に出して読む練習をくり返しましょう。声に出して正確に読めるようになると、耳で聞いてもわかるようになります。

p.53で紹介したトレーニングをリスニングでもやってみよう。

会話を聞くポイントは？

第１部のポイントは、会話の最後の発話をよく聞くことです。左のサンプル問題でいうとWhere was it?です。このitは女の子が見つけた男の子のペンのことで、Where ～?に対して具体的な「場所」を答えている１が正解になります。会話の最後は、Where ～?やCan I ～?「～してもいい？」のような疑問文のパターンと、It was under my desk.「わたしの机の下にあったよ」（一正解例：Thanks.「ありがとう」）のような、ふつうの文のパターンがあります。

２回の放送はどう聞けばいいの？

１回目で聞き逃しても２回目で確かめられるので、落ち着いて取り組みましょう。もし１回目で正解が選べたら、２回目の放送の間は耳を休ませたり、次の問題のイラストを見たりして、準備をしましょう。

確認しよう!

会話の最後の発話が疑問詞ではじまる場合、特にその疑問詞の聞き取りが重要です。たとえば、Where ～?に対しては、「どこ」を答えた選択肢が正解になります。

疑問詞と4級のリスニングで出やすい会話表現を確認しましょう。

□Where ～?　どこ?
□When ～?　いつ?
□Who ～?　だれ?
□Whose ～?　だれのもの?
□What ～?　何?
□How ～?　どう? どうやって?

□How old ～?　何歳?
□How much ～?　いくら?〈金額・量〉
□How long ～?　どれくらいの長さ［時間］?
□How often ～?　どれくらいの頻度で?
□What time ～?　何時?
□What kind of ～?　どんな（種類）?

□What's wrong?　（相手を心配して）どうしたの?
□How was it?　それはどうでしたか。
□What does＋人＋do?　（人）の職業は何ですか。
□Would you like ～?　～はいかがですか。
　―□Yes, please.　はい、お願いします。
□Can I ～?　～してもいいですか。
　―□Sure, you can.　もちろん、いいですよ。
□Can you ～?　～してもらえませんか。／□Could you ～?　～していただけませんか。
　―□All right.［OK.］　わかりました。／□Sure.［No problem.］　いいですよ。
□Is there a ～ near here?　この近くに～はありますか。

□I think so.　そう思います。
□I hope so.　そうだといいな。
□I'd like to *do*　～したいです。
□I'll try.　やってみます。
□That's all.　それで全部です。

□More than 10 dollars.　10ドル以上です。
□I'll be there soon.　すぐにそちらへ行きます。
□That sounds like fun.　それは楽しそうですね。
□Thank you for *do*ing.　～してくれてありがとう。
□I'll take it.　それ（商品）をいただきます。

ポイント 会話を完成させよう

音声を聞かずに会話を完成させる練習をします。線でむすんで、会話を完成させましょう。

(1) Did you come by bus? ・	・ It was boring.
(2) What does she do? ・	・ No, I walked.
(3) Where did you go? ・	・ She's a musician.
(4) How was the movie? ・	・ Sure, no problem.
(5) Can I sit here? ・	・ To the mountains.

答え

(1) Did you come by bus? ― No, I walked.
バスで来ましたか。― いいえ、歩いてきました。

(2) What does she do? ― She's a musician.
彼女の職業は何ですか。― 彼女は音楽家です。

(3) Where did you go? ― To the mountains.
どこへ行きましたか。― 山へ。

(4) How was the movie? ― It was boring.
映画はどうでしたか。― 退屈でした。 ※ It = the movie

(5) Can I sit here? ― Sure, no problem.
ここに座ってもいいですか。― もちろん、いいですよ。

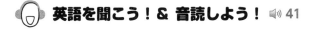

英語を聞こう！＆ 音読しよう！ 41

ポイント 適切な受け答えを選ぼう

イラストをざっと見て場面を確認したら、音声を聞きましょう。A–Bの短い会話のあとに2つの英文が読まれます。会話の続きとして合うほうを選んで、1または2を○でかこみましょう。

(1) 42

男の子はテレビを
見たいのかな？

1　　2

どちらかを○でかこもう

(2) 43

1　　2

(3) 44

女性は何を指さして
いるかな？

1　　2

放送文＆答え

(1) M: Mom, can I watch TV?
W: Did you finish your homework?
1 Yes, it's my favorite color.
② Yes, I did it this morning.

Did you ～? という疑問文に対して選択肢はどちらも Yes だから、そのあとの内容が大事だよ。

M：お母さん、テレビを見ていい？
W：宿題は終わったの？
1 うん、ぼくの好きな色だよ。
2 うん、今朝やったよ。 ※itは宿題のこと

(2) M: What are you going to get for Mom's birthday?
W: I'm going to make a beautiful card.
① She'll like that.
2 The weather will be nice.

未来の文（be going to/will）の聞き取りを練習しよう。

M：お母さんの誕生日に何をあげるの？
W：きれいなカードを作るつもりよ。
1 彼女はそれを気に入るだろうね。 ※thatは女の子が作る誕生日カードのこと
2 天気がいいだろう。

(3) W: Are you ready to go?
M: No. I can't find my phone.
① It's over there.
2 I'll see you later.

W：出かける準備はできた？
M：いや。電話が見つからないんだ。
1 あそこにあるよ。
2 あとで会おう。 ※電話が見つからない⇒場所を教える、という流れ

英語を聞こう！＆ 音読しよう！ 45

Let's TRY

イラストを参考にしながら音声を聞きましょう。会話と3つの応答を聞いて、最も適切な応答を選んで、番号（1～3）を○でかこみましょう。

1
🔈 46

1　2　3

2
🔈 47

1　2　3

3
🔈 48

1　2　3

1. ときかた

放送文

M: Oh, it's raining.

W: Yeah. It started to rain after I left home.

M: How did you come here?

1 By bus.   2 It's not far.   3 Ten minutes ago.

まず、イラストをざっと見よう。雨が降っていて、女性が家に着いた場面だね。だれの家かはわからないけど気にしなくていいよ。

男性の最後の発言はHow did you come here?で、「どうやって来たの？」とたずねているね。これに対して、By bus.「バスで」と答えている1が正解。

選択肢の2は距離、3は時間を答えているので合わないよ。

訳：M：「ああ、雨が降ってるんだね」
W：「そうなの。わたしが家を出たあとに降り出したのよ」
M：「どうやってここに来たの？」
1「バスで」 2「遠くないよ」 3「10分前に」　　（正解　1）

イラストは参考にする程度で、細かい点は気にしなくていいよ。放送が流れたら、目ではなく耳に集中して放送文を聞くことが大事だよ。

2. ときかた

放送文

W: What did you do last night?

M: I watched a movie about a famous chef.

W: How was it?

1 Every week.　2 I cooked dinner.　3 It was interesting.

How was it?「どうだった？」は感想をたずねる表現だね。it は男性が話した a movie about a famous chef「有名なシェフについての映画」のこと。It was interesting.「おもしろかった」と感想を答えている3が正解。

最後の発話を聞くのは大事だけど、このように it や one があればそれが指す内容も理解する必要があるよ。「最後だけを聞く」のではなく、会話の流れをつかむことも大事だよ。

イラストの食事をしている様子や会話中の chef「シェフ」などから想像して選択肢2「夕食を作ったよ」を選ばないように注意しよう。

訳：W：「昨夜は何をしたの？」

M：「有名なシェフについての映画を見たよ」

W：「どうだった？」

1「毎週」　2「夕食を作ったよ」　3「おもしろかったよ」

（正解　3）

3. ときかた

放送文

W: Would you like some dessert, Dad?

M: What's that?

W: A cherry pie. Mom bought it this morning.

1 I'll wash the dishes. 2 It looks delicious. 3 My favorite sport.

イラストと女の子の発言 Would you like ～?「～はいかが？」から、食後にデザートを出している場面だよ。

「それは何？」と聞かれた女の子は、「チェリーパイ」と答えたあと、「お母さんが今朝買った」と説明しているよ。Mom bought it this morning. の it はチェリーパイのこと。これに対する父親の返事として適切なのは 2。この It もチェリーパイのこと。look は「～に見える」、delicious は「とてもおいしい」という意味だよ。

訳：W：「デザートはいかが、お父さん？」
M：「それは何？」
W：「チェリーパイよ。お母さんが今朝買ってきたの」
1「ぼくがお皿を洗うよ」 2「おいしそうだね」 3「ぼくの好きなスポーツだよ」

（正解　2）

bought や dishes などの動詞の過去形や複数形の発音も確認しよう。

英語を聞こう！& 音読しよう！ 49

Listening

リスニング

第2部
会話の内容一致選択

リスニング第2部の出題形式

第2部は、会話の内容に関する質問に答える問題です。2人の会話のやりとりのあと、続けてQuestionと言って質問が読まれます。その質問の答えとして最も適切なものを選択肢から1つ選びます。会話のやりとりは4回（A−B−A−B）で、第1部より少し長いです。

●サンプル問題●

問題用紙

1 Around 6:00.
2 Around 7:00.
3 Around 8:00.
4 Around 9:00.

放送文

W: What time does your father get home from work?
M: Usually around 6 p.m.
W: That's early. My father comes home after 8:00.
M: Well, my mother comes home around 9:00.
Question: What time does the boy's father usually get home?

第2部には、このような問題が10問あります。4つの英語の選択肢は問題用紙に書かれています。

5級は5問だったよね。倍に増えるの?! ぼく、集中力がもつかなぁ…。

たしかに、音声を「聞く」＋選択肢を「読む」が10問も続くから、集中力が必要だね。でも放送は2回あるし、傾向をつかんだらテンポよくとけるよ。

〈サンプル問題の訳・答え〉
W：あなたのお父さんは仕事から何時に帰宅するの？
M：たいてい、午後6時ごろだね。
W：早いね。わたしのお父さんは8時以降に帰ってくるよ。
M：そう、ぼくのお母さんは9時ごろに帰るよ。
質問：男の子の父親はたいてい何時に帰宅しますか。
1「6時ごろに」 2「7時ごろに」 3「8時ごろに」 4「9時ごろに」（正解 1）

質問を聞くポイントは?

第2部とこのあとの第3部では、会話・英文に加えて、質問をしっかりと聞く必要があります。たとえば、What time ～?と時刻(じこく)をたずねる問題なら、文中には時刻がいくつか出てきます。

2回の放送を効率(こうりつ)よく聞くことがポイントです。たとえば左のサンプル問題では、次のような流れで聞くことができます。

放送1回目の会話…場面や大まかな話題をつかむ
→友だち同士(どうし)の会話？ 話題は親の帰宅時間。時刻がいくつか出てくる。
放送1回目の質問…問われていることをおさえる
→the boy's fatherがキーワード→男の子の父親は何時に帰宅する？
放送2回目の会話…ポイントをしぼって聞く
→男の子の父親に関(かん)する情報(じょうほう)に注意して、「時刻」を聞き取る
→Usually around 6 p.m.（←答え）
※「放送2回目の質問」は必要なときだけ聞けばよいです。

また、同じ会話で次のような質問も考えられます。「何時？」ではなく「だれ？」が問われています。

Question: Who gets home around 9:00? だれが9時ごろに帰宅しますか。
1 The boy's father. 男の子の父親。←**around 6 p.m.だから×**
2 The boy's mother. 男の子の母親。
3 The girl's father. 女の子の父親。←**after 8:00だから×**
4 The girl's mother. 女の子の母親。←**情報がないから×**

この質問では、9:00（nine o'clock）がキーワードです。男の子の発言my mother comes home around 9:00から、2が正解になります。

ポイント 「いつ」「何をする」の情報を聞き取ろう

サンプル問題では「何時？」と「だれ？」の例を学びました。そのほかのパターンとして、「いつ」と「何をする」を聞き取る練習をします。

会話を聞いて、日本語の質問の答えとして正しいものを○でかこみましょう。

↓(1)と(2)は同じ会話です。

(1) 50 質問：女の子はいつテスト勉強をする？

On Saturday. On Sunday. On Monday.

(2) 51 質問：女の子は土曜日に何をする？

Study. Take a test. Go to a party.

放送文&答え

(1) On Sunday. 日曜日に。

(2) Go to a party. パーティーに行く。

M: When is your next math test, Janet?
W: Next Monday, Dad. I'll study on Sunday. ←(1)テスト勉強をするのは日曜日
M: What will you do on Saturday? (2)土曜日にすること
W: I'll go to my friend's birthday party.
M：次の数学のテストはいつなの、ジャネット？
W：来週の月曜日よ、お父さん。日曜日に勉強するつもりよ。
M：土曜日は何をするの？
W：友だちの誕生日会に行くよ。

✔会話に出てくる順番に整理しよう
来週月曜日：テスト
今週日曜日：テスト勉強
今週土曜日：誕生日会に行く

英語を聞こう！& 音読しよう！ 52

ポイント 話題を聞き取ろう

話題（主に何について話しているか）を聞き取る練習をします。話題はふつう、会話のはじめのほうで話されます。

会話を聞いて、話題として適切なものを○でかこみましょう。

(1) 53　男性の趣味　　男性の夏の予定　　男性の将来の夢

(2) 54　テスト　　辞書　　学校行事

(2)は電話の会話。電話した目的＝話題だよ。

放送文&答え

(1)　男性の夏の予定

W: What are your plans for summer?

M: I'll stay with my parents in Spain. ―夏の予定・滞在場所

W: How long will you stay there? ―滞在期間（there＝スペイン）

M: For three weeks.

W：夏の予定は？　M：スペインの両親のところに滞在するよ。

W：そこにはどれくらいいるの？　M：３週間だよ。

(2)　辞書

M: Hello?

W: Hi, Mark. I'm sorry. I forgot to give the dictionary back to you today.

M: That's OK. Bring it to school tomorrow. I need it for my report.（it：どちらも辞書のこと）

W: Sure.

M：もしもし？

W：もしもし、マーク。ごめんなさい。今日、あなたに辞書を返し忘れたわ。

M：いいよ。明日学校に持ってきてね。レポートに必要なんだ。

W：わかった。

英語を聞こう！& 音読しよう！ 55

ポイント 「これからすること」を聞き取ろう

What will the boy do? / What is the boy going to do?「男の子は何をしますか」など、これからすることや会話のあとの行動をたずねる問題があります。

会話を聞いて、英語の質問の答えとして正しいものを○でかこみましょう。

56 質問：What will Kevin do?

Do his homework.　　Go ice-skating.　　Wash his shoes.

行動がいくつか出てくるけど、やり終わったことと、これからすることを聞きわけよう。

放送文＆答え

質問：ケビンは何をしますか。

Go ice-skating.　アイススケートをしに行く。

W: Did you finish your homework, Kevin?（Kevin：質問文の主語＝会話している男の子の名前）

M: Yes, Mom.（宿題→終わった） I'm going ice-skating with Uncle Ben now.（これからすること）

W: That's fine, but wash your gym shoes before that.（before that：アイススケートに行く前に）

M: I did it this morning.（it：体育館シューズを洗うこと→終わった）

W：宿題は終わったの、ケビン？

M：うん、お母さん。今からベンおじさんとアイススケートをしに行くんだ。

W：それはいいけど、その前に体育館シューズを洗いなさいね。

M：それは今朝やったよ。

✔会話に出てくる順番に整理しよう

宿題…終わった

アイススケートに行く…今から

体育館シューズを洗う…終わった

I'm going ... nowは「今から〜しに行くところ」という意味だよ。

英語を聞こう！＆ 音読しよう！ 57

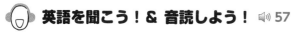

ポイント 「どうして？」→「～するために」を聞き取ろう

Why ～？「どうして？」と理由をたずねる問題に対して、To *do*「～するために」（目的（もくてき））が答えになる場合があります。

会話のあと、質問が読まれます。その答えとして正しいものを○でかこみましょう。

🔊 58　To see a movie.　　To buy an event ticket.　　To see an actor.

放送文&答え

To see an actor.　俳優（はいゆう）を見るために。

W: Let's go to the shopping mall, Dad.
M: Why, Betty? ─どうしてモールに行きたいの？
W: I want to see a famous actor. He'll come to the movie theater for an event.
└ベティがモールに行きたい理由
M: All right.
Question: Why does Betty want to go to the shopping mall?

W：ショッピングモールに行こうよ、お父さん。
M：どうして、ベティ？
W：有名な俳優を見たいの。彼（かれ）はイベントで映画館（えいがかん）に来るのよ。
M：わかった。
質問：ベティはなぜショッピングモールに行きたいのですか。
※会話は、「どうして？」─「有名な俳優を見たい（から）」というやりとりで、問題では「なぜ行きたいのですか」─「俳優を見るために」となっています。

英語を聞こう！& 音読しよう！ 🔊 59

Let's TRY

会話と質問(しつもん)を聞いて、質問の答えとして最(もっと)も適切(てきせつ)なものを選(えら)びましょう。

1
60

1 His phone.
2 His red pen.
3 His pencil case.
4 His notebook.

2
61

1 Go home.
2 Get on a boat.
3 Cook Italian food.
4 Have lunch.

3

62

1 He broke his bike.
2 He lost his book.
3 He can't find his bike key.
4 He didn't check his e-mail.

4

63

1 A new club member.
2 A new coach.
3 Their school teacher.
4 A speech contest.

1. ときかた

放送文

W: I forgot to bring my pencil case. Can I borrow your red pen?

M: I lost it last week. But I have a red pencil.

W: That's fine.

M: Here you are.

Question: What did the boy lose?

「男の子がなくしたもの」が問われているよ。質問のlose「～をなくす」の過去形lostが出てくるところに注意して聞こう。

男の子はI lost it last week.と言っていて、このitは女の子のCan I borrow your red pen?から、赤ペンのこと。よって、2が正解。

3のpencil caseは会話中に出てくるけど、これは女の子が忘れたもので、男の子がなくしたものではないよ。耳に聞こえてきた単語が選択肢にあるからといって、うっかり選ばないように注意しよう。

訳：W：「ふでばこを持ってくるのを忘れたわ。あなたの赤ペンを借りてもいい？」
　M：「ぼくは先週それをなくしたんだ。でも赤えんぴつなら持っているよ」
　W：「それでいいよ」
　M：「はい、どうぞ」
　質問：「男の子は何をなくしましたか」
　1「彼の電話」　2「彼の赤ペン」　3「彼のふでばこ」　4「彼のノート」

（正解　2）

1回目の放送の質問でloseをしっかり聞き取って、
2回目の放送では「なくしたもの」にしぼって聞こう。

2. ときかた

放送文

M: Look. The next boat tour will start in five minutes.

W: Can we have lunch first? I'm hungry.

M: OK. I know a good Italian café near here.

W: Great!

Question: What will they do first?

「これからすること」をたずねる問題だよ。p.206の問題とちがうところは、質問にfirst「まず、最初に」があること。このパターンの問題では、会話中にいくつか「すること」が話されるから、会話のあと最初にすることを聞き取るよ。

「5分後にボートツアーがある」→「先にランチを食べない？」→「OK」という流れをつかもう。このCan we have lunch first?「先に（＝ボートツアーの前に）ランチを食べない？」に質問と同じfirstがあるよ。この部分から、このあと2人が最初にすることとして、4の「ランチを食べる」が正解。

2の「ボートに乗る」はランチのあとにしそうなことだから×だよ。

訳：M：「見て。次のボートツアーは5分後にはじまるよ」
W：「先にランチを食べない？　おなかが空いたわ」
M：「わかった。この近くにいいイタリア風カフェがあるのを知っているよ」
W：「いいね！」
質問：「彼らは最初に何をしますか」
1「家に帰る」　2「ボートに乗る」　3「イタリア料理を作る」　4「ランチを食べる」

（正解　4）

3. ときかた

放送文

W: What's wrong, George?

M: I can't find my bike key.

W: Did you look in your school bag?

M: Yes, but I'll check it again. The key may be between books.

Question: What is George's problem?

女の子のWhat's wrong?「どうしたの？」は困った様子の相手にかける言葉。これに対して男の子がI can't find my bike key.「自転車のかぎが見つからない」と言っているね。これが男の子の問題（problem）だから、3が正解。

訳：W：「どうしたの、ジョージ？」

M：「自転車のかぎが見つからないんだ」

W：「通学バッグの中は見たの？」

M：「うん、でももう1回見てみる。かぎは本の間にはさまっているかもしれない」

質問：「ジョージの問題は何ですか」

1「彼は自転車をこわした」　2「彼は本をなくした」

3「彼は自転車のかぎを見つけられない」　4「彼はメールを確認しなかった」

（正解　3）

トラブルの話でよく出てくる表現を見ておこう。

can't「～できない」、lost「～をなくした」、broke「～をこわした、骨折した」、forgot「～を忘れた」、late「遅れた」、too「あまりに～、～すぎる」

What's wrong?「どうしたの」、That's too bad.「かわいそうに」

4. ときかた

放送文

W: We have a new girl in our dance club.

M: Is she good?

W: She's better than our coach! She won a big contest last year.

M: Wow.

Question: What are they talking about?

話題を問う問題だよ。女の子が最初に「ダンスクラブに新しい女の子が入ってきた」と話題を持ち出していて、そのあともsheを使ってこの女の子のことを話しているよ。

選択肢を見ると、1のA new club member.「新しいクラブのメンバー」にはdanceがないけど、これが新しいダンスクラブのメンバーの女の子のことだよ。

男の子のIs she good?は「彼女はダンスがじょうずなの？」という意味。そのあとのbetter than ～は「～よりもじょうず」という意味だよ。

訳：W：「わたしたちのダンスクラブに新しい女の子が入ってきたの」

M：「彼女、じょうずなの？」

W：「わたしたちのコーチよりじょうずなの！ 彼女は昨年、大きな大会で優勝したのよ」

M：「すごいね」

質問：「彼らは何について話していますか」

1「新しいクラブのメンバー」 2「新しいコーチ」

3「彼らの学校の先生」 4「スピーチコンテスト」 （正解 1）

英語を聞こう！& 音読しよう！ 64

Listening

リスニング

第3部
文の内容一致選択

リスニング第3部の出題形式

第3部は、英文の内容に関する質問に答える問題です。英文のあと、続けてQuestionと言って質問が読まれます。その質問の答えとして最も適切なものを選択肢から1つ選びます。

●サンプル問題●

問題用紙

1 She learned Japanese.
2 She went to a festival.
3 She practiced dancing.
4 She took a music lesson.

放送文

Last weekend, I went to Japan Festival. I liked the food very much. I also enjoyed Japanese dance and music.

Question: What did the woman do last weekend?

第3部には、このような問題が10問あります。4つの英語の選択肢は問題用紙に書かれています。

英文は、①人物のエピソード　②アナウンス　の2種類あります。人物のエピソードの問題は、I ～「わたしは～」と、ある人物（例：Nami ～「ナミは～」）の2パターンあります。

この第3部の形式は5級にはなかったね。

そう。でも第2部の会話が英文になっただけで、とき方は同じだよ。

〈サンプル問題の訳・答え〉
先週末、わたしは日本のお祭りに行きました。わたしは食べ物がとても気に入りました。わたしは日本の踊りや音楽も楽しみました。
質問：先週末、女性は何をしましたか。
1「彼女は日本語を学んだ」 2「彼女はお祭りに行った」
3「彼女は踊りの練習をした」 4「彼女は音楽のレッスンを受けた」（正解　2）

ポイント エピソードを聞こう

第3部のほとんどが人物のエピソードの問題です。質問パターンは、複数の情報から1つを問う、行動を問う、問題点を問うなど、第2部の会話問題とほとんど同じです。

英文と質問を聞いて、答えとして正しいものを○でかこみましょう。

↓(1)と(2)は同じ英文です。

(1) 65 Make breakfast.　Walk a dog.　Clean the garden.

(2) 66 Every day.　Once a week.　Twice a week.

放送文＆答え

(1) Walk a dog. 犬の散歩をする。

Question: What does the man do every day? 男性は毎日何をしますか。

(2) Twice a week. 週に2回。

Question: How often does the man cook dinner?
男性はどれくらいの頻度で夕食を作りますか。

My wife and I both work. Every day, my wife makes breakfast and I walk our dog. I cook dinner twice a week. I also clean the garden once a week.
妻とぼくは2人とも働いています。毎日、妻が朝食を作り、ぼくが犬の散歩をします。ぼくは週に2回夕食を作ります。また、週に1回庭をそうじします。

(2)のHow often ～?は頻度をたずねる表現だったね。

英語を聞こう！＆ 音読しよう！ 67

アナウンス

お店、レストラン、駅、空港などで流れるアナウンス・お知らせや、スタッフから客へ、先生から生徒への指示などが出題されます。問題のとき方は人物のエピソードと同じですが、アナウンスの特徴に慣れることが必要です。

●アナウンスの出だしによくある表現●

・Attention, please.　みなさまにお知らせします。
・Attention, shoppers.　お買い物中のみなさまにお知らせします。
・Good morning, everyone.　みなさま、おはようございます。
・Good afternoon, customers.　お客さま、こんにちは。
・Welcome to today's concert.　本日のコンサートへようこそ。
・Thank you for coming to today's show.
　本日のショーにお越しいただき、ありがとうございます。
・Thank you for shopping at Tompson's.
　トンプソンズでお買い物いただき、ありがとうございます。

●アナウンスの終わりによくある表現●

・Enjoy your dinner.　ディナーをお楽しみください。
・Enjoy your stay.　よいご滞在を。
・Have a fun evening.　楽しい夜をおすごしください。

●店内［館内］アナウンスでよく出る表現●

・on the first floor　1階で
・on the second floor　2階で
・have a sale　セールを開催する
・be on sale　特価で
・～ percent off　～パーセント引き
・for free　無料で
・get a free ～　無料の～がもらえる
・open　営業［開館］して
・closed　休業［休館］して
・If you ～, ...　もし～なら、…

ポイント　アナウンスを聞こう

アナウンスが流れている場所と話している人物を問う問題を練習しましょう。英文を聞いて、英語の質問の答えとして正しいものを○でかこみましょう。

(1) 68　質問：Where is the woman talking?

At a park.　　At a sports shop.　　At a stadium.

(2) 69　質問：Who is talking?

A teacher.　　A bus driver.　　A chef.

放送文&答え

(1)　質問：女性はどこで話していますか。

At a sports shop.　スポーツ用品店で。

Thank you for shopping at Andy's Field.　Today, all skateboards are 20 percent off.　If you buy a tennis racket, you'll get three tennis balls for free.

アンディーズ･フィールドでお買い物いただき、ありがとうございます。本日、スケートボートが全品 20 パーセント引きです。テニスラケットを 1 本買うと、テニスボールが 3 つ無料でもらえます。

※買い物やスポーツに関する語句（色の部分）を聞き取って、どこで流れているアナウンスかを考えます。

(2)　質問：だれが話していますか。

A teacher.　先生。

OK, everyone.　Did you finish answering the questions?　Now, open the textbooks to page 20.　We'll read the story together.

はい、みなさん。問題をとき終わりましたか。では、教科書の 20 ページを開いてください。その物語をいっしょに読んでいきます。

※聞き手の everyone は生徒で、指示しているのは先生だと考えます。

英語を聞こう！& 音読しよう！ 70

Let's TRY

英文と質問を聞いて、質問の答えとして最も適切なものを選びましょう。

1
71

1 A bag.
2 A travel book.
3 A towel.
4 A hair brush.

2
72

1 At a toy store.
2 At a train station.
3 At a restaurant.
4 At a library.

3

🔊 73

1 Work at a pet shop.
2 Have a dog.
3 Go to a zoo.
4 Become a teacher.

4

🔊 74

1 He got some money.
2 He found a nice book.
3 His soccer team won a game.
4 His father gave him soccer shoes.

1. ときかた

放送文

Mari will go on a three-day school trip next week. She has a travel bag and some towels but wants a new hair brush. She will go to buy one tomorrow.

Question: What will Mari buy tomorrow?

話題は修学旅行で、マリが「持っているもの」「ほしいもの」「明日買うもの」が順に話されるよ。

質問は「マリは明日、何を買いますか」だよ。1回目の放送でbuy tomorrowを聞き取って、2回目の放送で「明日買うもの」に関わる情報にしぼって聞こう。

「明日買うもの」については最後にShe will go to buy one tomorrow.と言っているね。このoneはその前のa new hair brushのことだから、正解は4。

訳：「マリは来週、3日間の修学旅行に行きます。彼女は旅行バッグと数枚のタオルを持っていますが、新しいヘアブラシがほしいと思っています。明日、彼女はそれを1つ買いに行くつもりです」

質問：「マリは明日、何を買いますか」

1「バッグ」 2「旅行本」 3「タオル」 4「ヘアブラシ」

（正解　4）

2. ときかた

放送文

Welcome to Milano House. Today's special is the fish burger. It comes with corn soup. If you have the special, you can get a free glass of tomato juice.

Question: Where is the man talking?

Welcome to ... 「～へようこそ」ではじまっているから、人物のエピソードではないと気づけたかな？ Milano Houseはどんな場所なのか、「だれが」「だれに」話しているかを考えながら聞き進めよう。

fish burger、corn soup、tomato juiceという食事に関する語句から、restaurant「レストラン」でスタッフが客に話しているとわかるね。だから、正解は3。

specialは「スペシャルメニュー」、come with ～は「～が付いてくる」で、どちらも飲食店で使われる表現として知っておこう。If you ～は「もし～すれば」という意味だよ。

訳：「ミラノ・ハウスへようこそ。本日のスペシャルはフィッシュバーガーです。それにはコーンスープが付いてきます。スペシャルをご注文いただくと、無料のトマトジュースが1杯もらえます」

質問：「男性はどこで話していますか」

1「おもちゃ屋で」　2「列車の駅で」　3「レストランで」　4「図書館で」

（正解　3）

burgerやtomatoの発音も確認しよう。

3. ときかた

放送文

I don't have any pets, but I love animals. Watching animals is fun. I want to work at a pet shop when I'm in high school.

Question: What does the girl want to do?

質問はWhat does ～ want to do?「～は何をしたいですか」で、これも行動を問う問題の一種だよ。この問題では文中に同じwant toがあるからわかりやすいよ。

I want to work at a pet shopから、1が正解。うしろのwhen I'm in high schoolは「高校生になったら」という意味だよ。

訳：「わたしはペットを飼っていませんが、動物が大好きです。動物を観察するのは楽しいです。わたしは高校生になったら、ペットショップで働きたいです」

質問：「女の子は何をしたいのですか」

1「ペットショップで働く」　2「犬を飼う」　3「動物園に行く」　4「教師になる」

（正解　1）

英文中に出てきた文法を確認しておこう。

✔動詞のing形（動名詞）が主語の文

Watching animals is fun.　動物を観察するのは楽しいです。

Studying is important.　勉強は重要です。

✔when「～のとき、～したら」

I want to join the baseball team when I'm in junior high school.

中学生になったら、野球部に入りたいです。

4. ときかた

放送文

My father usually gives me books on my birthday. But this year, he gave me nice soccer shoes. I was really happy.

Question: Why was the boy happy?

質問のhappyがポイント。男の子は最後にI was really happy.と言っているけど、その理由は、その前の「彼（＝父親）がすてきなサッカーシューズをくれた」からだね。だから、4が正解。このようにbecauseやsoがなくても前の文が理由になることもあるよ。

ストーリーの途中にButがあって、「ふだんは～だけど、今年は…」のような「いつもとちがう」流れを話すパターンはよく出てくるよ。Butを意識して聞いてみよう。2回出てくる〈give＋人＋もの〉「（人）に（もの）を与える、あげる」も確認しておこう。

訳：「ぼくの父親はいつも誕生日に本をくれます。でも今年、彼はすてきなサッカーシューズをくれました。とてもうれしかったです」

質問：「男の子はなぜうれしかったのですか」

1「彼はお金をもらった」　2「彼はいい本を見つけた」

3「彼のサッカーチームが試合に勝った」　4「彼の父親がサッカーシューズをくれた」

（正解　4）

英語を聞こう！＆ 音読しよう！ 75

練習しよう！《リスニング》

リスニング第1部

イラストを参考にしながら対話と応答を聞き、最も適切な応答を1，2，3の中から一つ選び、その番号をマークしなさい。

No. 1 76

①②③

No. 2 77

①②③

No. 3 🔊 78

①②③

No. 4 🔊 79

①②③

放送文と答えと解説

No. 1　正解　3

スクリプト　M: The weather was nice yesterday.

W: Yeah. What did you do?

M: I went skateboarding. How about you?

1　Yes, I am.

2　I have two of them.

3　I went swimming.

訳　M：昨日は天気がよかったね。

W：ええ。あなたは何をしたの？

M：スケートボードをしに行ったよ。きみは？

1　うん、わたしはそうだよ。

2　わたしはそれを2つ持っているよ。

3　わたしは泳ぎに行ったよ。

解説　過去の文の聞き取りです。話題は昨日のことで、「(昨日）何をしたの？」に対し、男の子は「スケートボードをしに行った」と答え、How about you?「きみは（何をしたの）？」とたずね返しています。これに対し、「泳ぎに行った」と答えている3が正解です。

No. 2　正解　3

スクリプト　W: Are you going home?

M: No, I'm going to a meeting in Dr. Endo's office.

W: What time will it start?

1　Until August.

2　At the second corner.

3　In half an hour.

訳　W：家に帰るの？

M：ううん、遠藤博士のオフィスでの打ち合わせに行くんだ。

W：何時にはじまるの？

1　8月まで。　2　2つめの角に。　3　30分後に。

解説　イラストから、オフィスでの会社員同士の会話だとわかります。男性は打ち合わせに出かけるところで、女性はWhat time will it start?とたずねています。これに対し、「○時に（はじまる)」の代わりに「30分後に（はじまる)」と答えている3が正解です。

No. 3　正解　2

スクリプト　M: What are your plans for this winter?

W: We're going skiing in Italy.

M: How long will you stay there?

1　With my mom.　　2　For one week.　　3　By car.

訳　M：今年の冬の予定は？

W：イタリアへスキーをしに行くよ。

M：そこにはどれくらい滞在するの？

1　お母さんと。　2　1週間よ。　3　車で。

解説　未来の文の聞き取りです。イラストから、電話での会話だとわかります。冬の予定を聞かれた女の子は「イタリアへスキーをしに行く」と答え、それに対して男性が、How long ～? で滞在期間をたずねているので、2の「1週間」が正解です。Italyは日本語の「イタリア」との発音のちがいに注意しましょう。

No. 4　正解　1

スクリプト　W: This sweater looks good.

M: That one is on sale today.

W: Do you have other colors?

1　Yes, we have it in black.

2　Yes, it's 20 percent off.

3　Yes, we're open on weekends.

訳　W：このセーター、いいですね。

M：そちらは本日、特価です。

W：ほかの色はありますか。

1　はい、黒色がございます。

2　はい、それは20パーセント引きです。

3　はい、当店は週末、営業しています。

解説　女性客はセーターを気に入っているようですが、Do you have other colors? と言って、ほかの色がないかたずねています。これに対して、we have it in black「黒色のセーターがある」と答えている1が正解です。itは女性が手にしているセーターのことです。男性のon sale「特価で」から、「20パーセント引き」と答えている2を選ばないようにしましょう。

英語を聞こう！& 音読しよう！　80

リスニング第2部

対話と質問を聞き、その答えとして最も適切なものを1，2，3，4の中から一つ選び、その番号をマークしなさい。

No. 1 81

1 Her father's.

2 Her mother's.

3 Her sister's.

4 Her own.

①②③④

No. 2 82

1 On Monday.

2 On Friday.

3 On Saturday.

4 On Sunday.

①②③④

No. 3 🔈 **83**

1 He woke up late.

2 The train was late.

3 The bus didn't come.

4 He was sick.

①②③④

No. 4 🔈 **84**

1 Eat a cookie.

2 Help his mother.

3 Visit his aunt.

4 Take a picture.

①②③④

放送文と答えと解説

No. 1　正解　2

スクリプト　M: Where's your umbrella, Emma?
W: At school, Dad.
M: You can borrow a raincoat from your mom.
W: All right.
Question: Whose raincoat will Emma use?

訳　M：傘はどこなの、エマ？
W：学校なんだ、お父さん。
M：お母さんからレインコートを借りたらいいよ。
W：わかった。
質問：エマはだれのレインコートを使いますか。

1　彼女の父親のもの。　　2　彼女の母親のもの。
3　彼女の姉［妹］のもの。　　4　彼女自身のもの。

解説　エマの傘は学校にあると聞いた父親は、You can borrow a raincoat from your momと言って、母親からレインコートを借りることを提案します。エマはAll right.と答えているので、2が正解です。4は「エマ自身のもの（＝レインコート）」という意味です。

No. 2　正解　4

スクリプト　W: Did you go to the movies on Friday evening?
M: No, I went on Saturday.
W: What did you do on Sunday?
M: I stayed home because I had a headache.
Question: When did the man have a headache?

訳　W：金曜日の晩は映画を見に行ったの？
M：ううん、土曜日に行ったんだ。
W：日曜日は何をしたの？
M：頭痛がしたから家にいたよ。
質問：男性はいつ頭痛がしましたか。

1　月曜日。　2　金曜日。　3　土曜日。　4　日曜日。

解説　会話中に曜日がいくつか出てきます。「日曜日は何をしたの？」に対して「頭痛がしたから家にいた」と答えているので、頭痛がしたのは日曜日です。

No. 3　正解　3

スクリプト　M: Sorry I'm late.

W: That's all right. Did you wake up late?

M: No, the bus to Central Station didn't come.

W: I see.

Question: Why was the man late?

訳　M：遅れてごめん。

W：いいのよ。寝坊したの？

M：ううん、中央駅に行くバスが来なかったんだ。

W：そうなんだ。

質問：なぜ男性は遅れたのですか。

1　彼は寝坊した。　　2　列車が遅れた。

3　バスが来なかった。　　4　彼は具合が悪かった。

解説　質問は「男性が遅れた理由」です。まず、男性は女性の「寝坊したの？」にはNoと答えています（→1は×）。そのあとのthe bus to Central Station didn't comeが遅れた理由で、これを「バスが来なかった」と短く表した3が正解です。

No. 4　正解　1

スクリプト　M: What are you making, Mom?

W: Chocolate cookies. I'm going to take them to Aunt Beth.

M: Can I have one?

W: Sure, you can.

Question: What does the boy want to do?

訳　M：何を作っているの、お母さん？

W：チョコレートクッキーよ。ベスおばさんのところに持って行くの。

M：1つ食べてもいい？

W：もちろん、いいわよ。

質問：男の子は何をしたいのですか。

1　クッキーを食べる。　　2　母親を手伝う。

3　おばを訪ねる。　　4　写真をとる。

解説　質問は「男の子のしたいこと」です。会話中にwant to ～の表現はありませんが、Can I have one(＝a cookie)?「1つ食べてもいい？」が男の子のしたいことと考えましょう。

英語を聞こう！& 音読しよう！　85

リスニング第3部

英文と質問(しつもん)を聞き、その答えとして最(もっと)も適切(てきせつ)なものを1，2，3，4の中から一つ選(えら)び、その番号をマークしなさい。

No. 1 86

1 His new job.

2 His family.

3 His plans for tonight.

4 His cooking school.

①②③④

No. 2 87

1 She was late for the party.

2 She lost a boy's phone number.

3 She forgot to ask a boy's name.

4 She did not enjoy the party.

①②③④

No. 3 🔉 88

1 Math.

2 Science.

3 English.

4 History.

①②③④

No. 4 🔉 89

1 On the first floor.

2 On the second floor.

3 On the third floor.

4 On the fourth floor.

①②③④

放送文と答えと解説

No. 1　正解　1

スクリプト　Last week, I started to work in a restaurant. My job is washing dishes. I also clean the floor after we close at 10 p.m.

Question: What is the man talking about?

訳　先週、ぼくはレストランで働きはじめました。ぼくの仕事は皿洗いです。午後10時に閉店したあと、床のそうじもします。

質問：男性は何について話していますか。

1　彼の新しい仕事。　　2　彼の家族。

3　彼の今夜の予定。　　4　彼の料理学校。

解説　第3部でも話題を問う問題が出ます。話題はたいてい、最初のほうに話されます。ここでは、「レストランで働きはじめた」と言ったあと、その仕事の内容をくわしく説明しているので、正解は1です。このnewは「最近はじめた」という意味合いです。at 10 p.m.からtonight「今夜」を想像して3を選ばないようにしましょう。

No. 2　正解　3

スクリプト　Tina met Mark at a party. She liked him at once and asked him for his phone number. When Tina got home, she remembered something. She forgot to ask his name!

Question: What is Tina's problem?

訳　ティナはパーティーでマークと出会いました。彼女はすぐに彼が気に入り、彼に電話番号を聞きました。ティナは家に帰ると、何かを思い出しました。彼女は彼の名前を聞くのを忘れたのです！

質問：ティナの問題は何ですか。

1　彼女はパーティーに遅れた。

2　彼女は男の子の電話番号をなくした。

3　彼女は男の子の名前を聞くのを忘れた。

4　彼女はパーティーを楽しまなかった。

解説　ティナの問題（problem）が問われています。she remembered something「何かを思い出した」のsomething「何か」を説明した次の文のShe forgot to ask his name!がティナの問題なので、3が正解です。forget to *do*「～し忘れる」という表現を確認しておきましょう。

No. 3　正解　4

スクリプト In junior high school, I was good at math and science. But now, in high school, they are very difficult. I like history better.
Question: Which subject does the boy like now?

訳 中学生のとき、ぼくは数学と理科が得意でした。でも高校生の今、それらはとてももむずかしいです。ぼくは歴史のほうが好きです。
質問：男の子は今、どの教科が好きですか。
1　数学。　2　理科。　3　英語。　4　歴史。

解説 教科名がいくつか出てきます。Butの前後で中学と高校（今）のちがいを聞き分けられるかがポイントです。質問は「今」についてで、最後のI like history better.から、今好きなのはhistory「歴史」だとわかります。betterのあとにはthan math and scienceが省略されています。その前のthey are very difficultのtheyはmath and scienceのことです。

No. 4　正解　2

スクリプト Welcome to Moco Science Museum. On the first floor, you can learn about nature. On the second floor, you can see a robot show. The show starts at 3:00 and 4:00.
Question: Where can people see a robot show?

訳 モコ科学博物館へようこそ。1階では、自然について学べます。2階では、ロボットショーが見られます。ショーは3時と4時にはじまります。
質問：人々はどこでロボットショーが見られますか。
1　1階で。　2　2階で。　3　3階で。　4　4階で。

解説 アナウンスの問題です。アナウンスでは、「どこで話しているか」「だれが話しているか」以外に、具体的な内容を問う問題もあります。質問はWhere ～?で、選択肢には「○階で」が並んでいます。質問はrobot showについてで、On the second floor, you can see a robot show.と言っているので、ロボットショーが見られるのは2階です。

英語を聞こう！＆ 音読しよう！ 90

［著者紹介］

入江　泉

大阪府出身。1997年に小・中学参業界の編集者としてキャリアを始め、2005年に独立。以降、中学・高校の学校英語や各種検定試験の対策、英文法、リスニング・スピーキングなど幅広い教材の執筆・校正者として活動。英検においては各級の過去問の解説や対策教材の執筆を多く手がけている。5年間のニュージーランド生活を生かし、特に初級英語での実用的な英語にこだわる。2021年より1年半のデンマーク滞在を経て、2022年よりオランダ在住。

著書に『きほんから学ぶ！ 英検5級合格ハンドブック』（同シリーズの準2級、2級）、『1日1枚！ 英検5級 問題プリント』（同シリーズの4級、3級、準2級、2級）（以上、スリーエーネットワーク）、『最短合格！ 英検2級リーディング＆リスニング問題完全制覇』（ジャパンタイムズ出版）、『高校入試 とってもすっきり 英語長文』『高校 とってもやさしい 英語リスニング』（以上、旺文社）など多数。

装幀・本文デザイン：山田 武

イラスト：タニグチコウイチ

編集協力：Joel Rian

ナレーター：Eric Kelso、Katie Adler

音源制作：一般財団法人英語教育協議会（ELEC）

きほんから学ぶ！ 英検®4級 合格ハンドブック

2024年3月28日　初版第1刷発行

著　者：入江泉

発行者：藤嵜政子

発行所：株式会社 スリーエーネットワーク

〒102-0083

東京都千代田区麹町3丁目4番 トラスティ麹町ビル 2F

電話：03-5275-2722［営業］

03-5275-2726［編集］

https://www.3anet.co.jp/

印刷・製本：萩原印刷株式会社

ISBN 978-4-88319-949-5　C0082